Crashkurs Service-Exzellenz

Falk Hecker

Crashkurs Service-Exzellenz

So heben Sie sich durch herausragenden Service vom Onlinehandel ab

Falk Hecker
AUTOPLUS AG
Wolfsburg, Deutschland

ISBN 978-3-658-25295-3   ISBN 978-3-658-25296-0 (eBook)
https://doi.org/10.1007/978-3-658-25296-0

Die Deutsche Nationalbibliothek verzeichnet diese Publikation in der Deutschen Nationalbibliografie; detaillierte bibliografische Daten sind im Internet über http://dnb.d-nb.de abrufbar.

Springer Gabler
© Springer Fachmedien Wiesbaden GmbH, ein Teil von Springer Nature 2019
Das Werk einschließlich aller seiner Teile ist urheberrechtlich geschützt. Jede Verwertung, die nicht ausdrücklich vom Urheberrechtsgesetz zugelassen ist, bedarf der vorherigen Zustimmung des Verlags. Das gilt insbesondere für Vervielfältigungen, Bearbeitungen, Übersetzungen, Mikroverfilmungen und die Einspeicherung und Verarbeitung in elektronischen Systemen.
Die Wiedergabe von allgemein beschreibenden Bezeichnungen, Marken, Unternehmensnamen etc. in diesem Werk bedeutet nicht, dass diese frei durch jedermann benutzt werden dürfen. Die Berechtigung zur Benutzung unterliegt, auch ohne gesonderten Hinweis hierzu, den Regeln des Markenrechts. Die Rechte des jeweiligen Zeicheninhabers sind zu beachten.
Der Verlag, die Autoren und die Herausgeber gehen davon aus, dass die Angaben und Informationen in diesem Werk zum Zeitpunkt der Veröffentlichung vollständig und korrekt sind. Weder der Verlag, noch die Autoren oder die Herausgeber übernehmen, ausdrücklich oder implizit, Gewähr für den Inhalt des Werkes, etwaige Fehler oder Äußerungen. Der Verlag bleibt im Hinblick auf geografische Zuordnungen und Gebietsbezeichnungen in veröffentlichten Karten und Institutionsadressen neutral.

Lektorat: Manuela Eckstein

Springer Gabler ist ein Imprint der eingetragenen Gesellschaft Springer Fachmedien Wiesbaden GmbH und ist ein Teil von Springer Nature.
Die Anschrift der Gesellschaft ist: Abraham-Lincoln-Str. 46, 65189 Wiesbaden, Germany

Für alle, die täglich ihren Dienst antreten, um anderen Menschen einen exzellenten Service zu erweisen.

Einleitung

Vor einigen Jahren begann ich eine Sammlung von Weisheiten anzulegen, die für mich im Geschäftsleben oder besser gesagt im Umgang mit anderen Menschen hilfreich waren. Nach einiger Zeit konnte ich auf einen Fundus von Werkzeugen zurückgreifen, der nicht nur aus der klassischen Betriebswirtschaft stammte, sondern vor allem psychologische, soziologische und philosophische Erkenntnisse umfasste. Als Betriebswirtschaftler wird man im Studium mit dem Muster des „homo oeconomicus" vertraut gemacht, nach dessen wirtschaftlich rationalem Verhalten das wirtschaftliche Geschehen idealerweise abläuft. Im Alltag von Service und Verkauf werden wir jedoch eines Besseren belehrt. So sind es im Wesentlichen verhaltenswissenschaftliche Einflussfaktoren, die einen erfolgreichen Service ausmachen. Insbesondere im Handels- und Dienstleistungssektor, in dem ich beruflich „groß geworden" bin, menschelt es doch sehr. Aus Servicegesichtspunkten können wir daher eher von einem „homo sociologicus" sprechen, an dem wir unsere Leitgedanken ausrichten sollten. Und insbesondere mit der zunehmenden Durchdringung des Internets in all unseren Lebensbereichen kommt dem Faktor Mensch eine besondere Rolle zu. Denn je anonymer sich das Wirtschaftsgeschehen durch Onlinehandel und virtuelle Servicekonzepte entwickelt, desto stärker gewinnt die Qualität von zwischenmenschlichen Beziehungen an

Bedeutung. Wenn wir dann nämlich auf einen Menschen treffen, besteht die große Chance, sich über den persönlichen Service von Onlineanbietern positiv abzugrenzen, oder, noch weitergehend formuliert, sich über Service zu positionieren.

Schnell ertönt der Vorwurf oder zumindest die Frage, ob es sich dabei um Manipulation handelt. Das kann sein und kommt darauf an, wie man Manipulation definiert. Wenn überhaupt, ist es eine Manipulation bzw. Verhaltensbeeinflussung zum Guten. Denn das Instrumentarium für „Service-Exzellenz" beinhaltet durchweg positive und menschenbejahende Elemente. Aus diesem Grund sind auch keine geheimnisvollen Zaubertricks vonnöten, um exzellenten Service erbringen zu können, sondern vor allem eine gesunde Einstellung gegenüber anderen Menschen. Diese Einstellung müssen wir uns teilweise (wieder) anerziehen oder angewöhnen. Service-Exzellenz beruht also auf positiver Psychologie, ohne darüber jetzt eine wissenschaftliche Diskussion zu führen. Aber ich bin mir ziemlich sicher, dass durch Service-Exzellenz nicht nur erfolgreichere Kundenbeziehungen gestaltet werden können, sondern durch die positive und optimistische Grundeinstellung auch depressiven Berufskrankheiten, wie zum Beispiel Burnouts, vorgebeugt werden kann.

Zielsetzung des Buches ist vor allem darzulegen, wie man sich durch herausragenden Service gegenüber dem immer mächtiger werdenden Onlinehandel positiv abheben kann und aufzuzeigen, welche Daseinsberechtigung Service-Exzellenz im Zeitalter der digitalen Transformation hat. Sowohl die Digitalisierung als auch die Künstliche Intelligenz unterstützten einen exzellenten Service, indem die Qualität von Kundenbeziehungen durch entsprechende individuelle Maßnahmen verbessert werden kann. Mithilfe der neuen Techniken vermeiden wir ein servicepolitisches „Gießkannenprinzip" sowie leidvolle Redundanz in vielen Serviceprozessen. Auf diese Weise gelingt es, sich noch viel gezielter auf die individuellen Präferenzen und Verhaltensmuster von Kunden einzustellen.

Da es uns leichter fällt, assoziativ bzw. metaphorisch zu denken, werden die Inhalte in den einzelnen Kapiteln durch kurze Geschichten begleitet. Neben dem Lerneffekt soll dies natürlich auch zur Leserfreundlichkeit beitragen. Den zahlreichen Autoren und Kollegen in der Wissenschaft, die teilweise mit eindrucksvollen Experimenten unserem Verhalten immer wieder auf die Schliche kommen, zolle ich dabei höchsten Respekt und danke für die vielen guten Anregungen aus ihrer Forschungstätigkeit. Im Folgenden wird bei Personenangaben die gewohnte männliche Form verwendet (z. B. Kunden oder Serviceberater). Alle personenbezogenen Aussagen gelten jedoch gleichermaßen für Männer und Frauen. Sicherlich wird in der deutschen Sprache irgendwann eine geschlechtsneutrale Schreibweise eingeführt, sodass sich derartige Hinweise erübrigen. Aus Gründen der besseren Lesbarkeit bitte ich jedoch um Verständnis und die verwendete Schreibeise als neutrale Form zu werten. Jeder Leserin und Serviceberaterin kann ich versichern, dass nicht ein Hauch von Diskriminierung damit verbunden ist!

Inhaltsverzeichnis

Teil I Wertschätzung ... 1

1 Begrüßung: Für den ersten Eindruck gibt es keine zweite Chance (... und der letzte bleibt) ... 3

2 Persönlichkeit: Service fängt beim Namen an ... 7

3 Sympathie: Im Service menschelt es sehr ... 11

4 Statusmeldung: Wartezeit ist Lebenszeit ... 15

5 Preise und Kosten: Was umsonst ist, taugt nichts ... 19

6 Pflicht und Kür: Das Normale gut erledigen und Service-Erlebnisse schaffen ... 23

7 Beschwerden: Eine Reklamation ist ein Geschenk ... 27

8	Großzügigkeit: Kleine Geschenke erhalten die Freundschaft	31
9	Zahlungsbereitschaft: Mit dem Preis steigt die Achtung	35
10	Verlustaversion: Kein Preisnachlass ohne Gegenleistung	39

Teil II	Kommunikation	43
11	Fragetechnik: Wer fragt, der führt	45
12	Soziale Bewährtheit: Nachahmung ist die höchste Form der Anerkennung	49
13	(Aktives) Zuhören: „Habe ich Sie richtig verstanden?"	53
14	Metaphern: Bilder sind schnelle Schüsse ins Gehirn	57
15	Körpersprache: Die non-verbalen Botschaften	61
16	Dialektik: Ja, und?	65
17	Abwehrrhetorik: Interessant!	69
18	Nudging: (An)Stupser zum Erfolg	73
19	Kognitive Dissonanz: „Sie haben richtig gewählt!"	77
20	Kritik: Wie man Freunde gewinnt (oder verliert)	81

Teil III Motivation 85

21 Einstellung: Wahre Motivation kommt von innen 87

22 Berufung: Service ist das wahre Leben 91

23 Metaebene: Über den Dingen stehen 95

24 Hingabe: Service aus Leidenschaft 99

25 NEIN: *N*och *E*in *I*mpuls *N*otwendig 103

26 Wissen: Lernen (aus Fehlern) 107

27 Erwartungen: Vorfreude ist die schönste Freude 111

Teil IV Persönlichkeit 115

28 Menschlichkeit: Ich bin o. k. – Du bist o. k.! 117

29 Empathie: Schweigt das Herz, ist alles reden umsonst 121

30 Vertrauen: Die größte Ehre, die wir dem Kunden antun können 125

31 Dankbarkeit: Wie man sich und andere glücklich macht 129

32 Humor: Lache, und die Welt lacht mir dir! 133

33 Autorität: Service braucht Augenhöhe 137

34	Optimismus: Der Above-Average-Effekt	141
35	Liebe: Gut, dass es dich gibt!	145
36	Kompetenz: Wissen ist Macht, haste gedacht …	149

Teil V Organisation … 153

37	Team-Identität: Keine „Zuständigkeiten"	155
38	Ordnung: Liebe zum Detail	159
39	Halo-Effekt: Der Heiligenschein für Ihren Service	163
40	Ziele (und Umwege): Was will der Kunde wirklich?	167
41	Kundenperspektive: Der Verantwortungs-Irrglaube	171
42	Termintreue: Zeit ist nicht Geld, sondern Leben	175
43	Versunkene Kosten: (Emotionale) Schadensbegrenzung leisten	179
44	Entscheiden: Weniger ist häufig mehr	183
45	Knappheitsprinzip: Preise dynamisch und fair gestalten	187

Teil VI Transformation	191
46 Transformation: Mut zum Wandel	193
47 Prozesse verändern: Den Gordischen Knoten zerschlagen	197
48 Künstliche Intelligenz: Digitalisierung verlangt Individualität	201
49 Bewertungen: Der Spotlight-Effekt	205
50 Nachhaltigkeit: Appell an das ökosoziale Gewissen	209
Nachwort	213

Über den Autor

Prof. Dr. Falk Hecker ist Diplomkaufmann. Er studierte und promovierte an der Universität des Saarlandes in Saarbrücken und ist seit vielen Jahren im Autoteile- und Servicemarkt tätig. Er ist Mitbegründer und Vorsitzender des Aufsichtsrates der AUTOPLUS AG, Wolfsburg, sowie als Berater, Referent und Mitglied in weiteren Ausschüssen und Beiräten tätig. Darüber hinaus ist er Lehrbeauftragter und Honorarprofessor an der Ostfalia Hochschule für angewandte Wissenschaften am Campus Wolfsburg mit den Schwerpunkten Unternehmensführung in der Automobilwirtschaft sowie Wirtschafts- und Unternehmensethik. Falk Hecker ist Mit-Herausgeber des Standardwerkes „Aftersales in der Automobilwirtschaft" (Springer Fachmedien, 3. Aufl. 2017). Als weitere Buchveröffentlichung erschien von ihm „Management-Philosophie: Strategien für die Unternehmensführung – Grundregeln für eine erfolgreiche Unternehmensführung" (Springer Gabler 2012).

Teil I

Wertschätzung

Service hat stets mit Wertschätzung zu tun. Damit ist sowohl die Wertschätzung gegenüber anderen Menschen gemeint als auch das Bewusstsein um den Wert einer Serviceleistung an sich. Man kann dies schon aus der Begrifflichkeit ableiten. So steht „Service" in der Regel stellvertretend für „jemandem einen Dienst erweisen" oder für eine „Dienstleistung" schlechthin. Im Altfranzösischen stand Service sogar für „Ehrerbietung", was den Wertschätzungscharakter besonders verdeutlicht.

Der erste Teil des Buches dient daher der Bewusstmachung des Wertes und der Wertschätzung von gutem Service. Service hat stets einen positiven Wert. Denn nur, weil man Service nicht wie eine Ware anfassen oder Service nicht einfach umgetauscht oder aufbewahrt werden kann, kommt ihm doch teilweise ein unschätzbarer immaterieller Wert zu. Dies wird deutlich, wenn man sich fehlenden Service vor Augen hält und vergegenwärtigt, wie schwer und anhaltend so manch eine (menschliche) Enttäuschung wiegt. In den meisten Fällen kann man dies gar nicht mit Geld aufrechnen.

Mit (gutem) Service erzeugen wir also Werte, die beispielsweise gegenüber dem meist preislich günstigeren Onlinehandel einen Ausgleich schaffen. Die Waage wird wieder ausgeglichen bzw. schwenkt zum Vorteil des Serviceanbieters aus, wenn es uns gelingt, mit herausragendem Service entsprechend zu punkten. Das Bild der Waage passt zum Thema Service auch insofern, weil es stets von dem Wechselspiel der Erwartung und Enttäuschung abhängt, ob ein Service gut war und somit wertgeschätzt wird oder eben nicht.

1

Begrüßung: Für den ersten Eindruck gibt es keine zweite Chance (... und der letzte bleibt)

Es gibt Menschen, die uns auf Anhieb sympathisch sind, andere dagegen nicht. Psychologische Untersuchungen stellen immer wieder unter Beweis, dass in Bewerbungsgesprächen nicht selten schon nach fünfzehn Sekunden das Urteil feststeht (Klein 2004, S. 92). Im Prinzip ist gleich nach dem Handschlag alles gelaufen. Woran liegt das? Schließlich kann es dadurch auch zu schwerwiegenden Fehleinschätzungen kommen.

> **Marilyn Monroe**
> Als *Marilyn Monroe* im Jahr 1944 eine Karriere als Fotomodell beginnen wollte, waren die Casting-Profis auf Anhieb von ihren Aussichten alles andere als überzeugt. „Sie sollten besser eine Sekretärinnenausbildung machen, ansonsten heiraten" (Klein 2004, S. 93)

Wir haben in uns ein imaginäres Radar, das in Sekundenbruchteilen Informationen aufnimmt und uns „grünes Licht" gibt oder ein Warnsignal sendet, wenn uns eine Person oder Situation nicht behagt. So ist es auch mit unseren Kunden, wenn sie auf unseren Hof fahren, den Verkaufsraum betreten oder Ihnen persönlich erstmals gegenüberstehen.

Der erste Eindruck ist so außerordentlich wichtig, dass er im Nachgang – wenn überhaupt – nur mit viel (Service-)Aufwand wieder kompensiert werden kann. Was können wir tun, damit der erste Eindruck stets positiv ausfällt?

> Lächeln Sie grundsätzlich, wenn Sie einem Menschen zum ersten Mal begegnen, auch wenn Ihnen vielleicht danach gerade nicht zumute ist. Sie wirken dadurch sympathischer und werden in der Wahrnehmung Ihres Gegenübers als sympathisch abgespeichert.

Eine chinesische Kaufmannsweisheit besagt sogar: „Wer nicht lächeln kann, sollte keinen Laden aufmachen!" Ein aufrichtiges Lächeln will sagen: „Ich mag Sie. Schön, dass Sie da sind!"

Wenn uns jemand anlächelt, dann wir können gar nicht anders, als zurückzulächeln. Lächeln versetzt uns in einen angenehmen Gemütszustand. Wir fühlen uns wohl und öffnen uns gegenüber Mitmenschen. Denn Lächeln steckt an und steht daher stets am Anfang einer positiven zwischenmenschlichen Beziehung.

Achten Sie zudem darauf, dass alle Bereiche, die ein Kunde einsehen kann, stets sauber und ordentlich sind, keine Kippen vor dem Eingang auf dem Boden herumliegen, der Mülleimer nicht überquillt oder die Tür mit schmutzigen Griffspuren übersät sind. Sauberkeit und Ordnung sind Erscheinungen, die wir beim ersten Eindruck typischerweise unterbewusst wahrnehmen und die somit Einfluss auf unsere Zustandsbeurteilung haben.

Sie alle kennen sicherlich den Spruch „Für den ersten Eindruck gibt es keine zweite Chance." Entscheidend ist aber die Fortsetzung, die lautet: „… und der letzte Eindruck bleibt." Auch der Abschluss eines ersten Kundenkontakts oder eines Auftrags muss nämlich perfekt sein. Eine nette Verabschiedung wie „Dankeschön für Ihren Auftrag", ein freundlicher Händedruck oder eine gute Fahrt zu wünschen – am besten in Verbindung mit einer kleinen Aufmerksamkeit (Geschenk) – sorgt dafür, dass Sie/Ihr Betrieb beim Kunden positiv im Gedächtnis haften bleiben. Das gilt natürlich für das gesamte Service-Team. Auch wenn Sie selber den Kunden noch so gut beraten haben, kann der Kollege an der Kasse alles zunichtemachen. Aber lesen Sie selbst folgende wahre Geschichte:

> **Kein Geld auf dem Konto?**
>
> Der Kunde möchte mit seiner Familie in den Urlaub fahren und lässt sich in einem Autofahrer-Fachmarkt beraten, weil er nach einer Transportmöglichkeit für das umfangreiche Gepäck sucht. Zusätzlich zu den vier Fahrrädern sollen nämlich auch alle möglichen Spielsachen, Zelte und Wassersportutensilien transportiert werden.
> Der Fachberater nimmt sich sehr viel Zeit, um dem Kunden die zahlreichen Möglichkeiten im und rund um das Automobil zu erläutern: Heckträger für die Fahrräder an der Heckklappe oder auf der Anhängezugvorrichtung, Dachkoffer für die Wassersportgeräte und -bekleidung (dort können sie auch nach Verwendung elegant trocknen) sowie stapelbare Boxen, um das Volumen des Kofferraums bestmöglich auszunutzen. Er hört dabei dem Kunden genau zu, schenkt ihm seine volle Aufmerksamkeit und bestätigt seine Ausführungen stets mit einem netten Lächeln.
> Die Begeisterung des Kunden steigt im Laufe der Beratung sichtlich an. Er wollte eigentlich gar nicht so viel Geld ausgeben. Der Fachberater bedankt sich für den Auftrag, verabschiedet sich mit einem freundlichen Händedruck und wünscht dem Kunden und seiner Familie einen erholsamen Urlaub. Bis dahin war es „Service-Exzellenz".
> Der Kunde geht zur Kasse und legt aufgrund des stattlichen Betrages seine Kreditkarte zur Bezahlung vor. Die Kassiererin zieht die Karte durch das Lesegerät, und auf dem Display erscheint: „Vorgang nicht möglich!" Sie wiederholt das Einlesen der Karte, jedoch vergebens. Dann tönt sie mit ihrer kreischenden Stimme, sodass man es noch im Umkreis von fünf Metern hören kann: „Na, wohl kein Geld auf dem Konto!"
> Von einer Sekunde auf die andere wird die exzellente Vorarbeit des Kollegen zunichte gemacht. Der Kunde bekommt einen roten Kopf, allerdings zu Unrecht, denn wenig später stellt sich heraus, dass die Kreditkartenfunktion auf dem EC-Cash-Gerät deaktiviert worden war, was die Mitarbeiterin an der Kasse aber nicht wusste.

Wir halten als erste wichtige Regel für Service-Exzellenz fest: Der Anfang und das Ende müssen möglichst perfekt sein! Dazwischen kann im Verlauf des Kundenkontakts durchaus mal etwas unrund laufen. Das ist weniger schlimm und in der Regel heilbar, wie bei dem folgenden Buchstabensalat:

„Nach einer Studie der Cmabridge Uinervtistät ist es egal, in wlehcer Riehenfloge die Bcuhstbaen in eneim Wrot sethen, huaptschae der esrte und ltzete Bcuhstbae snid an der rhcitgien Setlle. Der Rset knan ttoaels

Drucheniandr sien, und man knan es torztdm onhe Porbelme lseen, wiel das mneschilhce Gherin nhcit jdeen Bcuhstbaen enizln leist, snodren das Wrot als Gnazes."

Unser Gehirn bildet sich einen Gesamteindruck, und dafür sind Anfang und Ende ausschlaggebend. Denn dieser bleibt im Gedächtnis haften.

Literatur

Klein S (2004) Alles Zufall: Die Kraft, die unser Leben bestimmt. Rowohlt, Reinbek bei Hamburg

2

Persönlichkeit: Service fängt beim Namen an

Kennen Sie das Lieblingswort eines jeden Menschen? Richtig, der eigene Name! Wenn Sie sich den Namen Ihres Kunden merken und immer wieder aussprechen, machen Sie ihm damit ein indirektes, aber dafür sehr wirkungsvolles Kompliment.

> **Namensgedächtnis**
>
> Vor langer Zeit geschah in New York ein tragischer Unglücksfall, bei dem *Jim Farley*, gerade einmal zehn Jahre alt, zum Waisenkind wurde. Er arbeitete von da in einer Ziegelei, wo er fertige Ziegel in der Sonne zum Trocknen aufschichten musste. Er hatte nie eine höhere Schule von innen gesehen, aber er verfügte über die Gabe, die Namen aller Menschen, die er kennenlernte, im Gedächtnis zu behalten. Er kannte über fünfzigtausend Menschen beim Vornamen. Dies machte ihn bei allen Leuten so beliebt, dass er zunächst Bürgermeister und später mit 46 Jahren jüngster Postminister der Vereinigten Staaten von Amerika wurde. (Vgl. Carnegie 1985, S. 99–101)

Die meisten Menschen behaupten, sie hätten ein schlechtes Namensgedächtnis und könnten sich daher Namen nicht merken. Das stimmt so aber nicht, denn wenn Ihnen eine hübsche Frau (oder ein hübscher Mann) vorgestellt wird oder Sie den Namen des neugeborenen Babys Ihrer Schwester hören, können Sie diese Namen normalerweise sofort behalten. Das hat mit dem sogenannten „Involvement" zu tun, der inneren Einstellung, mit der Sie zuhören und sich Ihrem Gegenüber widmen.

Wenn sich Ihnen jemand vorstellt, wiederholen Sie seinen Namen unmittelbar. Ist es ein außergewöhnlicher Name, fragen Sie, wie man ihn schreibt oder buchstabiert. Dies ist regelmäßig am Telefon sehr hilfreich und keineswegs unangemessen. Viele ausländische Namen, insbesondere muslimischer Herkunft, haben zudem eine historische oder metaphorische Bedeutung, nach der Sie sich erkundigen können. Auf diese Weise hören Sie nicht nur einen Namen, sondern Sie speichern Bilder oder eine ganze Geschichte ab. Das fördert die Verankerung im Gedächtnis. Probieren Sie es aus!

Zahlreiche Einzelhandelsunternehmen geben viel Geld dafür aus, um den Namen ihrer Kunden zu erfahren, und damit natürlich auch ihre Kaufgewohnheiten. Denken Sie an *Payback, Deutschland-Card* usw. Einige Unternehmen sind dagegen in der komfortablen Lage, dass der Kunde seinen Namen für die Auftragsbearbeitung Preis gibt, beispielsweise über seinen Kfz-Schein beim Werkstattbesuch. Was für ein Geschenk!

> Sobald Sie den Namen des Kunden erfahren haben, sollten Sie ihn also so oft es geht auch mit seinem Namen ansprechen. Sie bringen damit Persönlichkeit in die sonst eher anonyme Beziehungssituation ein.

Es gehört sich im Übrigen, sich selbst ebenfalls mit Namen vorzustellen: „Guten Tag, mein Name ist Falk Hecker, was kann ich für Sie tun?". Ebenso für die ausführende Dienstleistungskraft: „Ich heiße Falk Hecker und werde heute die Bremse an Ihrem Auto reparieren." Das mag am Anfang für den ein oder anderen ungewohnt sein, klingt aber enorm serviceorientiert. Und so ungewöhnlich ist die persönliche Vorstellung gar nicht mehr. Als Kunde oder Gast kennen wir so ein Verhalten schon, nämlich von professionellen Dienstleistern der Spitzen-Gastronomie und -Hotellerie. Dort ist der Kunde keine (Auftrags)Nummer. Wenn Sie das nächste Mal in den Ferien auf Reisen gehen, achten Sie einmal in Ihrer Unterkunft, was es für einen Unterschied macht, ob Sie morgens beim

Frühstück nur nach Ihrer Zimmernummer gefragt, oder (zusätzlich) mit Namen angesprochen werden. So wie Sie im Hotel nicht nur eine (Zimmer)Nummer sein wollen, möchte der Kunde keine Auftragsnummer sein oder der „mit dem roten Corsa". Er ist schließlich unser Kunde und kein Durchlaufposten. Nummern und Listen mögen ihren Zweck haben, aber wenn Sie mit dem Kunden sprechen, dann bitte immer persönlich. Das heißt, den Kunden immer mit Namen ansprechen. Immer!

Die Kommunikation mit Namen schafft darüber hinaus Vertrauen. Selbst Konfliktgespräche – wie z. B. Reklamationen – laufen in einem persönlichen Stil wesentlich unkomplizierter ab. Wir verzeihen jemandem eher, wenn wir ihn kennen. Denken Sie an die anonyme Situation im Straßenverkehr. „So ein Idiot da vorne an der Ampel. Wir wären glatt noch bei Grün rübergekommen!" Würden Sie das auch so sagen, wenn Sie wüssten, dass Ihre 18-jährige Nichte da vorne im Wagen am Steuer sitzt?

Anonymität schafft Distanz, nicht nur in Nachbarschaft und Gesellschaft, sondern vor allem auch durch das Internet. Sorgen Sie daher für eine persönliche Atmosphäre. Sprechen Sie Ihre Kunden mit Namen an. Sie werden sich wundern, wie freundlich und vertrauensvoll Menschen doch sein können!

Literatur

Carnegie D (1985) Wie man Freunde gewinnt. Scherz, Bern

3
Sympathie: Im Service menschelt es sehr

Zu Beginn einer neuen Begegnung, und dazu zählt natürlich auch der erste Kundenkontakt, sollten Sie immer zuerst für Sympathie auf der Beziehungsebene sorgen. In einigen asiatischen Ländern können Sie mit Ihren geschäftlichen Verhandlungen sogar erst starten, wenn die Beziehungsebene vorab hergestellt wurde. Eigentlich ein schöner Brauch, weil Geschäfte nun einmal zwischen Menschen gemacht werden.

> **Warm-up**
>
> Mehrere Personen wurden dazu eingeladen, Verhandlungen miteinander zu führen. Die Teilnehmer wurden in zwei Gruppen aufgeteilt. Die eine Gruppe bekam gleich ihr Thema und sollte sofort mit den Verhandlungen starten. Die andere Gruppe hatte Gelegenheit, sich vorab mit ihrem jeweiligen Verhandlungspartner in einem „Warm-up" persönlich auszutauschen. Am Ende zeigte sich, dass diejenigen Verhandlungsteilnehmer zu einem besseren Ergebnis gekommen waren, die vorher die Möglichkeit hatten, sich gegenseitig kennenzulernen. Ihre Beziehung war auf eine andere Basis gestellt, weil sie Sympathie und damit Vertrauen zueinander aufgebaut hatten. (Vgl. Edmüller und Wilhelm 2016, S. 66)

Achten Sie bei Ihrem nächsten „Smalltalk" einmal bewusst darauf, worum es im ersten Kontakt mit anderen Menschen häufig geht. In der Regel versuchen Sie, Gemeinsamkeiten herauszufinden. Sobald Sie auf gemeinsame Erfahrungen, Erlebnisse oder Einstellungen gestoßen sind oder sonstige Ähnlichkeiten festgestellt haben, wächst die Sympathie zueinander. Wir mögen es, wenn andere Menschen die gleichen Ansichten vertreten wie wir selbst. Wir lassen uns schneller auf sie ein und akzeptieren leichter ihre Meinungen und Ratschläge. (Heiratsschwindler machen sich den Ähnlichkeits- oder Sympathieeffekt übrigens gezielt zu Nutze, indem sie Gemeinsamkeiten einfach vortäuschen.)

Ähnlichkeiten bei der Herkunft bieten sich aufgrund der positiven „Heimatgefühle" ganz besonders zum Warm werden an. „Wir Schlesier halten doch zusammen!", „Einem waschechten Berliner kann man halt nichts vormachen!" Etc.

Im Internet-Zeitalter wird dies sicherlich zunehmend auf digitale Assistenten, sogenannte „Bots" wie *„Alexa"* übertragen. Das mag auf der einen Seite bequem sein, und wir als Unternehmen können das für Routinetransaktionen mit unseren Kunden ebenfalls effizient einsetzen. Wenn Sie jedoch darüber hinaus die „Kür" beherrschen und durch den Sympathieeffekt schneller Menschen für sich gewinnen können, wird das in einer durch die Online-Welt anonymer werdenden Kundenkommunikation für Sie von erheblichem Vorteil sein.

Sie meinen, Sympathie beruht auf Gegenseitigkeit und die meisten Menschen sind Ihnen einfach nicht sympathisch? Dann beachten Sie folgende Weisheit: „Wenn du willst, dass dir jemand nicht mehr unsympathisch ist, tue ihm Gutes, und du wirst sehen, wie schnell er dir sympathisch wird!" Aber vorsichtig, mancher glaubt von sich, sympathisch zu sein, dabei hat sich sein Umfeld nur an seine Art gewöhnt. Wer im Service tätig ist, muss eine gewisse Herzlichkeit zu anderen Menschen mitbringen. Denn wie reimte *Christian Morgenstern* so schön: „Nur wer den Menschen liebt, wird ihn verstehn. Wer ihn verachtet, ihn nicht einmal sehn." (Morgenstern 1921, S. 159)

Lebenskunst besteht zu einem überwiegenden Teil nun einmal darin, mit Menschen auszukommen, die man nicht mag, und das ist zum größten Teil wiederum Einstellungssache. Viele empfinden nämlich nur deswegen ein Unbehagen gegenüber anderen, leider oftmals auch gegenüber Kunden, weil sie sehen, dass diese mehr Reichtum oder Erfolge aufweisen können. Gefühle wie Ungerechtigkeit, Unzufriedenheit und sogar Trauer empfinden viele Menschen, ohne dass sie es nach außen zeigen oder sich gar darüber bewusst sind, wenn sie auf Personen treffen, die offensichtlich „mehr" erreicht haben. Es bildet sich sodann ein regelrechter Giftcocktail in der Magengegend. Neid und Eifersucht lösen bei vielen Menschen zerstörerische Auswüchse in ihrem Seelenfrieden aus. Wer mit Neidgefühlen nicht umgehen kann, verfasst seine persönliche Anleitung zum Unglücklichsein.

Es wird immer jemanden geben, der erfolgreicher ist, besser aussieht, schöner wohnt oder größere Autos fährt. Dabei *wirkt* das Gras des Nachbarn nur grüner als das eigene. Aus der Ferne erkennen Sie nämlich die Löcher nicht, die durch das hochgewachsene Gras verdeckt werden. Wenn Sie Neid gegenüber materiellen Dingen empfinden, werden Sie selbst als Millionär nicht glücklich sein!

Wenn wir anderen Menschen etwas nicht gönnen, verhalten wir uns ihnen gegenüber unbewusst destruktiv. Auch wenn wir es nicht verbal äußern, unser Körper kann es nicht verbergen und wir wirken auf unser Gegenüber unsympathisch. Anhand unserer Mimik, Gestik und Ausdrucksweise nimmt der Kunde unser missgünstiges Verhalten wahr und wendet sich schließlich ab. Neid gehört also nicht unbedingt zu unseren sympathischen Eigenschaften, ist aber höchst menschlich. Die beste Art, damit umzugehen, ist, sich darüber im Klaren zu sein und eine Art „wohlwollenden Neid" zu entwickeln. Verwandeln wir unseren Neid also lieber in eine Triebfeder für unseren eigenen Erfolg.

> Jeder von uns hat positive Eigenschaften. Besinnen Sie sich auf Dinge, die Sie gut können, bei denen eindeutig Ihre Stärken liegen. Durch „kreativen Neid" können Sie diese starken Seiten in sich befeuern. Nehmen Sie sich daher erfolgreiche Menschen zum Vorbild.

Statt zerstörerische Häme zu entwickeln, zollen Sie deswegen Ihren Kunden lieber aufrichtige Anerkennung für ihren Erfolg. Der Kunde wird Ihnen diesen „Service für seine Seele" danken. Und sollten doch einmal unschöne Neidgefühle in Ihnen hochkommen, schreiben Sie sie auf einen Zettel, kleben Sie ihn unter die Schuhsohle und laufen Sie eine Runde durch den Park. Das macht Sie dann wieder sympathisch!

Literatur

Edmüller A, Wilhelm T (2016) Manipulationstechniken: So wehren Sie sich. Haufe Lexware, Freiburg

Morgenstern C (1921) Epigramme und Sprüche. Piper, München

4
Statusmeldung: Wartezeit ist Lebenszeit

Wir mögen keine Ungewissheit, erst recht nicht, wenn wir nichts tun können und unfreiwillig warten müssen. Das Verlangen zu wissen, was auf einen zukommt, ist bei jedem Menschen vorhanden. Früher waren rechtzeitige Informationen überlebensnotwendig. Die Neurowissenschaftler erklären damit unsere (angeborene) Neugierde, quasi einen Drang, den jeder von uns nach Informationen verspürt. Rechtzeitige Informationen erzeugen darüber hinaus eine Art Vorfreude, ein angenehmes Gefühl zu wissen, was auf einen zukommt. Wir Menschen sind diesbezüglich alle ähnlich gestrickt. Selbst unter unangenehmen Rahmenbedingungen kann eine Information (Statusmeldung) dazu beitragen, dass sich unser Gemütszustand schlagartig verbessert.

> **Vorfreude**
>
> Albert sitzt im Gefängnis. Seine Zelle ist klein, feucht und kalt. Die Wände sind kahl, und auf seiner unbequemen Holzpritsche liegt er spätabends noch lange wach.
> Sie erwarten vielleicht, dass Albert sich scheußlich fühlt, aber weit gefehlt: Er ist heiter und beschwingt, denn Albert hat erfahren, dass er morgen aus dem Gefängnis entlassen wird und nach Hause gehen darf. Seine Familie wird ihm ein leckeres Abendessen zubereiten, und alle werden zusammen in ihrem gemütlichen Zuhause um einen Tisch sitzen. Er kann es kaum erwarten.
> (Vgl. Sharot 2019, S. 151)

Viele von Ihnen haben im Urlaub bestimmt schon einmal die unangenehme Erfahrung gemacht und mussten am Flughafen, im Zug, im Stau auf der Autobahn oder an einem Schalter warten. Wir hassen Warten. Jemand stiehlt unsere wertvolle (Lebens-)Zeit. Erst recht, wenn wir nicht wissen, wie lange es noch dauert. Sie könnten vor Ärger in die Luft gehen.

Warten ist zudem relativ: Zwei Minuten am Bedienungstresen ist akzeptabel, zwei Minuten am Telefon eine halbe Ewigkeit. Darüber hinaus weicht die objektive Wartezeit von der subjektiv empfundenen Wartezeit ab. Bis 90 Sekunden können wir die (Warte-)Zeit gut einschätzen, danach erscheint sie in der Regel deutlich länger, als sie tatsächlich ist (Hurth 2006, S. 191). Sobald wir jedoch einschätzen können, wie lange die Wartezeit etwa sein wird, geht es uns besser. Selbst längeres Warten wird dann nicht so unangenehmen empfunden, weil wir uns darauf einstellen können. In den großen Ferienparks sind in den Warteschlangen vor den beliebten Attraktionen Hinweisschilder aufgestellt, die den Besuchern eine Statusmeldung geben, wie lange es etwa noch dauert, bis sie an der Reihe sind. Auch in der Bahn erfolgt spätestens ein bis zwei Minuten nach einem ungeplanten Halt eine Durchsage, was der Grund dafür ist und wann der Zug weiterfährt.

Teilweise sind die Statusmeldungen mit Ablenkungen kombiniert, um die Gäste bei Laune zu halten. Über Flat-Screens mit Netzwerkverbindung ist dies heutzutage elegant und vergleichsweise preiswert möglich. Business-TV-Provider bieten passende Software dazu an, mit typischen

Inhalten wie Nachrichten, Wetter und dergleichen. Diese Programme können Sie in der Regel mit hauseigener Werbung oder sonstigen Inhalten ergänzen.

> Informationen haben Einfluss auf unsere Gefühle. Aus diesem Grund ist es wichtig, dass Sie dem Kunden regelmäßig eine Statusmeldung geben, wie lange sein Auftrag noch in Arbeit ist bzw. wie lange er noch auf seine Leistung warten muss.

Konkret heißt das: wie lange er sich am Telefon, am Tresen, an der Kasse usw. voraussichtlich noch gedulden muss, bis eine Servicekraft frei ist. Der Kunde kann dann selbst entscheiden, ob er noch warten möchte oder ob er die Zeit anderweitig nutzt, indem er Zeitung liest, E-Mails beantwortet, Telefongespräche führt oder noch einkaufen geht. Geben Sie ihm daher kurze Zwischenmeldungen, bieten Sie ihm einen Anruf oder eine Kurznachricht auf sein Handy an, falls er noch etwas anderes erledigen möchte.

Ebenfalls gehört es zum guten Ton, sich hin und wieder nach seinem Befinden zu erkundigen, wenn er sich für das Warten entschieden hat: „Darf ich Ihnen noch etwas zu trinken anbieten?" Zumindest aber die Statusmeldung: „In etwa 20 Minuten dürfte Ihr Auftrag fertiggestellt sein!"

Probieren Sie es, auch die Atmosphäre wird dadurch viel entspannter!

Literatur

Hurth J (2006) Angewandte Handelspsychologie. Kohlhammer, Stuttgart
Sharot T (2019) Die Meinung der anderen: Wie sie unser Denken und Handeln bestimmt – und wie wir sie beeinflussen. Pantheon, München

5

Preise und Kosten: Was umsonst ist, taugt nichts

Service hat stets einen Wert. Aus diesem Grund gibt es auch keinen „kostenlosen" Service, da stets mehr oder weniger kostenintensive Ressourcen zur Erbringung von Service eingesetzt werden. In vielen Servicebetrieben wird dies zu häufig vernachlässigt, wodurch die Wertschätzung für die erbrachte Dienstleistung sinkt.

> **Beim Optiker**
>
> Die Brillenträger unter uns kennen es: Wenn der Bügel verbogen ist, geht man zum Optiker und das Gestell ist in wenigen Minuten wieder in Form, und zwar für „Lau". Würde der Optiker für die Leistung etwas verlangen, wäre es wahrscheinlich das letzte Mal, dass Sie bei ihm waren. Aber wäre es nicht eigentlich gerechtfertigt, dass Sie etwas dafür bezahlen müssen?
>
> Aus Anstand frage ich meine Optikerin trotzdem jedes Mal höflich, was sie nun dafür bekommt. Beim letzten Mal schaute sie mich daraufhin freundlich an und antwortete: „Ein Lächeln!"

Service zu bieten, wofür der Kunde keine Zahlungsbereitschaft aufbringt, widerspricht dem Wirtschaftsprinzip und würde doch über kurz oder lang durch die entstehende Kostenfalle (Kosten ohne Erlöse) zum Ruin führen.

© Springer Fachmedien Wiesbaden GmbH, ein Teil von Springer Nature 2019
F. Hecker, *Crashkurs Service-Exzellenz*,
https://doi.org/10.1007/978-3-658-25296-0_5

Wir sollten uns daher eines bewusst machen: Wie bei einer Telefonuhr laufen die Kosten für Personal, Miete, Strom und dergleichen weiter, auch wenn wir bei einer bestimmten Dienstleistung kein Geld für unseren Service erhalten haben.

Wie sollen wir nun damit umgehen? Womit ist Service ohne Bezahlung dann zu rechtfertigen? Rausgeschmissenes Geld, vergebene Liebesmüh …? Nein, ganz im Gegenteil. Denn in der Regel steht der Service in Zusammenhang mit einer Ware, insbesondere in Handelsunternehmen. Und die Ware an sich ist austauschbar und im Internetzeitalter per Knopfdruck überallerhältlich, nicht selten sogar viel billiger. Allein durch die (Verfügbarkeit der) Ware können wir demzufolge nicht mehr aus der Masse der Anbieter hervorstechen. Das war früher vielleicht so. Heute wird die Ware durch den Service aufgewertet, sie erhält dadurch mehr Gewicht auf der Waage. Unser Preis erhält erst durch Service seine Rechtfertigung gegenüber dem Onlinehandel.

Ohne die Serviceleistung hat die nackte Ware also nur einen Teilwert. Demzufolge hat der Service, auch wenn der Kunde zunächst keinen (Einzel-)Preis dafür bezahlt hat, stets einen Wert. Dieser – vermeintlich – kostenlose Service darf deshalb auf keinen Fall verbal abgewertet werden, wenn der Kunde sich nach dem Preis erkundigen sollte. Mit gut gemeinten Floskeln wie: „Passt schon!", „Geschenkt!", „Nichts!", „Gratis!" u. Ä. degradieren Sie den erbrachten Service unnötig. Außerdem gilt der Grundsatz: „Was umsonst ist, taugt nichts!" Der Kunde muss zumindest eine Art *Ersatzwährung* für den ohne Berechnung erbrachten Service bezahlen. Das könnte eine Weiterempfehlung sein: „Bitte empfehlen Sie uns Ihren Bekannten weiter!" Oder wie im Beispiel der Optikerin „ein Lächeln". Ebenso können Sie dem Kunden ein Versprechen abfordern, dass der nächste Auftrag bei Ihnen erfolgt: „In zwei Monaten muss Ihr Auto zur Inspektion. Sie melden sich dann wieder bei mir, nicht wahr?" Sie werden verblüfft sein, wie viele Kunden sich an ihr Versprechen halten und sich mit einem Folgeauftrag wieder bei Ihnen „entschulden". Denn psychologisch wirkt es wie eine Abmachung (Commitment). Man hat sein Wort gegeben, und die Mehrzahl der Menschen hält sich an Abmachungen. Geben Sie dem Kunden dabei am besten noch die Hand. Das unterstreicht die Verbindlichkeit. Sie erinnern: „… und der letzte Eindruck bleibt!"

5 Preise und Kosten: Was umsonst ist, taugt nichts

„Was kostet die Wartung?", „Was kostet der Transport?", „Was kostet dies, was kostet das?" Als Service-Fachkraft werden Sie das Wort „Kosten" wahrscheinlich dutzende Male am Tag zu hören bekommen. Aber Vorsicht, es handelt sich um ein Wort, das negative Assoziationen weckt – nicht vordergründig, sondern im Unterbewusstsein. Denn „Kosten" will man vermeiden, „Kosten" sind etwas Unnötiges, rausgeschmissenes Geld, Ursache für Verlust und Ruin. Schwaben, sagt man, bekommen sogar Magenkrämpfe, wenn sie das Wort „Kosten" hören. Kinesiologen können mit dem berüchtigten Armdrücken sogar beweisen, dass wir innerlich geschwächt werden, wenn wir das Wort „Kosten" hören oder sagen. Wir verlieren an Kraft, der Arm geht runter.

Nun können wir eine schlechte Stimmung oder schlechte Gefühle im Service-Verkauf gar nicht gebrauchen.

> Verwenden Sie daher stets positive Sprache, die uns innerlich aufbaut. Streichen Sie „Das kostet …" aus Ihrem Wortschatz. Sagen Sie besser: „Sie bekommen es für (nur) 75 Euro und die Montage ist auch im Angebot." (Preise möglichst nicht alleine dastehen lassen.)

Einige wissen vielleicht noch aus dem Buchhaltungsunterricht in der Schule, dass Investitionen besser als Kosten sind. Auch wenn uns die Kunden (gewohnheitsmäßig) immer wieder nach den „Kosten" fragen, ist es besser, wenn Sie positiv antworten: „Wenn Sie jetzt 250 Euro in die Wartung *investieren*, ist Ihr Wagen sicher und kommt garantiert durch den TÜV." Besonders deutlich wird die positive Wirkung, wenn Sie noch die Hebelwirkung von Investitionen verdeutlichen: „… und Ihr Fahrzeug ist im Anschluss mindestens 1000 Euro mehr Wert – falls Sie vorhaben sollten, es zu verkaufen."

Wir haben von Kind auf gelernt: Investitionen haben einen Nutzen, durch Investitionen werden Werte geschaffen, Investieren lohnt sich!

6

Pflicht und Kür: Das Normale gut erledigen und Service-Erlebnisse schaffen

Wann ist der Mensch zufrieden, wie können wir ihn glücklich machen? Diese Frage stellen wir uns nicht nur in Bezug auf Kunden, es verfolgt uns das halbe Leben und nicht selten zum Jahreswechsel, wenn es auf Silvester zugeht.

> **Die Silvesterparty**
>
> Sie werden zu einer Silvesterparty eingeladen, bei einer Person, die Sie eigentlich gar nicht kennen. So richtig motiviert sind Sie nicht, gehen aber trotzdem mit und sehen es eher als „Pflichtveranstaltung". Doch siehe da, Sie können es kaum glauben: Sie treffen eine alte Schulfreundin wieder, die Sie sehr gemocht, aber leider aus den Augen verloren haben. Obendrein wird richtig gute Musik gespielt und das Essen ist auch sehr lecker. Wer hätte gedacht, dass der letzte Tag des Jahres noch zu einem der schönsten wird!
>
> Im Jahr darauf sind Sie wieder eingeladen und können es kaum erwarten, dorthin zu gehen. Ihre alte Freundin ist zwar dieses Mal nicht da, aber Essen, Trinken, Musik usw. sind im Prinzip wie im Vorjahr. Trotzdem will in Ihnen nicht so richtig Stimmung aufkommen. Eigentlich ist es die gleiche Party und trotzdem sind Sie enttäuscht.

Warum erleben wir das so oder so ähnlich immer wieder aufs Neue? Unser Gehirn hat uns wieder einmal einen Streich gespielt, indem es die Erwartungen hochgeschraubt hat. Und so funktioniert das den ganzen Tag: Drücken wir den Knopf, erwarten wir, dass der Fahrstuhl kommt oder der Computer hochfährt; gehen wir unter die Dusche, erwarten wir warmes Wasser; drehen wir den Zündschlüssel, erwarten wir, dass der Motor anspringt usw. Aber wehe, wenn es nicht so kommt. Unser Gehirn ist eine regelrechte Erwartungsmaschine und das Leben praktisch ein Wechselspiel zwischen Erwartung und Enttäuschung. (Vgl. Dobelli 2018 S. 303–307)

Und was erwartet der Kunde? Eigentlich kann man es doch gar keinem mehr recht machen, oder? Es ist richtig, dass unser Anspruchsdenken im Laufe der Jahre und Jahrzehnte immer weiter zugenommen hat. Allgemein spricht man auch von einer Inflation der Ansprüche. Wir müssen uns also immer mehr anstrengen, um den Kunden zufrieden zu stellen. Waren unsere Eltern und Großeltern noch zufrieden, wenn sie ihre Familie satt bekommen haben und das Auto (in der Regel „der Käfer") seinen treuen Dienst erwiesen hat, so darf heute nach einem Radwechsel kein Fingerabdruck auf der Felge zu sehen sein, geschweige denn auf dem Armaturenbrett. Auch darf eine Bestellung beim Händler im Internetzeitalter nicht länger als 24 Stunden dauern, und an der Kasse lange warten, gehört spätestens durch die Klingel bei Aldi, Lidl & Co. der Vergangenheit an.

Wie soll man da heutzutage einen Kunden noch zufrieden stellen? Ganz einfach:

> Machen Sie das Normale einfach gut! Dann sind die Erwartungen der Kunden im Wesentlichen erfüllt und man spricht von „Kundenzufriedenheit".

Was ist aber „das Normale"? Im Selbstbedienungsmarkt möchte der Kunde nicht lange an der Kasse warten, im Restaurant soll das Essen warm sein (in der Eisdiele kalt), der Bus und die Bahn soll pünktlich sein … und bei Ihnen? Überlegen Sie kurz, bevor Sie weiterlesen, was der Kunde in Ihrem Betrieb als Kernleistung zwingend einfordert.

Guter Service – „die Kür" – gelingt uns also immer dann gut, wenn „die Pflicht" zuvor auch gut erfüllt wurde. Insofern ist guter Service kein „Hexenwerk". Und doch patzen wir viel zu häufig bei der Pflicht. Achten Sie daher im Serviceablauf besonders darauf, dass der Auftrag in seinem Kern ordentlich und termingerecht erledigt wird. Vereinbaren Sie intern Qualitätskontrollen, um dies sicherzustellen, beispielsweise, dass eine andere Person aus Ihrem Betrieb „Kunde spielt". Ein „Double-Check" vermeidet in diesem Sinne viele Reklamationen und Unannehmlichkeiten. Nicht nur beim Tanzen oder Eiskunstlauf gibt es A- und B-Noten. Diese gibt es regelmäßig auch im Service, und vor allem dort. Meistens beansprucht es nur etwas mehr Aufwand, um eine Sache wirklich gut zu erledigen ganz im Sinne von *Thomas Watson*, dem IBM-Gründer: „Go the last mile to do a thing right!" (Watson 1991, S. 323) Wir kennen es noch aus der Schule, zwischen einer Eins, einer Zwei oder Drei im Diktat bzw. im Mathetest liegen keine Welten. Es sind meist nur zwei oder drei Fehler gewesen, die den Unterschied zwischen einer Note ausmachten. Nicht anders ist es bei uns in den Betriebsabläufen. Investieren Sie daher die zusätzlichen fünf Minuten („die letzte Meile"), damit es garantiert gut wird und der Kunde garantiert zufrieden ist!

Für die „Kür" empfiehlt es sich übrigens, einen kleinen psychologischen Trick anzuwenden, um das Gehirn „aus der Fassung zu bringen".

> Zeigen, bieten, erzählen, machen Sie irgendetwas, womit der Kunde nicht rechnet. Das können Kleinigkeiten sein, wie eine witzige Geschichte, eine kleine Aufmerksamkeit, ein Kompliment, die frühere Fertigstellung des Auftrags, eine Ersparnis oder eine Zusatzleistung, worüber der Kunde zuhause erzählen wird.

Weißt du, was mir heute in der Werkstatt passiert ist? Als ich ins Auto einsteigen wollte, war ein *Kussmund* auf der Scheibe und darunter stand „Danke für Ihren Auftrag!"

Seien Sie also kreativ. Hauptsache, Sie verfallen nicht in den normalen Trott. „Alles, außer gewöhnlich!" (siehe dazu das gleichnamige Buch von Förster und Kreuz 2007). Das Gehirn nimmt da auch keine Wertung in

Euros vor. Holen Sie den Kunden einfach aus seiner festgefahrenen Welt heraus. Sobald Sie seine Erwartungen übertreffen, lösen Sie eine gewisse Begeisterung aus. So werden Sie ein Meister in Sachen Service-Exzellenz!

Literatur

Dobelli R (2018) Die Kunst des guten Lebens: 52 überraschende Wege zum Glück. Unter Mitarbeit von El El Bocho. Piper, München

Förster A, Kreuz P (2007) Alles, außer gewöhnlich: Provokative Ideen für Manager, Märkte, Mitarbeiter. Econ, Berlin

Watson T (1991) Father, Son & Co. My life at IBM and beyond. Bantam Books, New York

7
Beschwerden: Eine Reklamation ist ein Geschenk

Was glauben Sie, wie viele Kunden äußern überhaupt eine Reklamation? Konsum- und Verhaltensforscher haben dies einmal für alle Branchen im Handel erhoben. Nur etwa fünf Prozent, also nur jeder zwanzigste Kunde, macht sich überhaupt die Mühe, noch einmal wiederzukommen, anzurufen oder einen (bösen) Brief bzw. E-Mail zu schreiben, um seine Reklamation vorzubringen. Die meisten bleiben einfach fern. Es ist ihnen viel zu lästig, noch einmal Zeit zu investieren, um sich mit dem „Laden" oder dem Mitarbeiter auseinanderzusetzen. Sie gehen da einfach nicht mehr hin und kaufen nächstes Mal woanders. Wenn Sie Pech haben, setzen diese enttäuschten Kunden auch noch eine miese Bewertung auf einer Internet-Plattform ab.

> **Lästige Beschwerden**
>
> Ein Fast-Food Kunde bestellt einen Cheeseburger in einem Drive-in. Später bemerkt er, dass sich gar kein Käse auf dem Hamburger befindet. Fährt er zurück, um sich zu beschweren?
> Ein Reisender bucht ein Hotelzimmer mit einem französischen Bett. Er war den ganzen Tag unterwegs. Als er sich schlafen legt, bemerkt er, dass es doch nur ein normales Doppelbett ist. Meinen Sie, der Gast geht noch einmal hinunter zur Rezeption, um auf das französische Bett zu bestehen?
> Ein Kunde bestellt einige Artikel in einem Online-Shop. Als Lieferzeit werden zwei Werktage angegeben. Die Ware trifft jedoch erst nach einer Woche ein. Wird der Kunde sich die Mühe machen und eine Beschwerde verfassen?
> (Vgl. Barlow und Moller 1996, S. 83)

Wenn Kunden mit Ihrem Service unzufrieden sind, werden sie sich entweder beschweren oder sich wortlos entfernen. Im letzteren Fall haben Sie praktisch keine Möglichkeit, gegenzusteuern und ihren Fehler wiedergutzumachen.

Wenn sich nun ein Kunde aber doch beschwert oder die Leistung reklamiert, wie hoch ist der Prozentsatz, dass wir/Sie es hinbekommen, den Kunden wieder zufriedenzustellen? Wenn ich diese Frage in Service-Schulungen stelle, erhalte ich von den Teilnehmern regelmäßig die Antwort: „Im Prinzip jeden – 100 Prozent. Man muss halt die Sache wieder in Ordnung bringen, sich entschuldigen und für eine positive Atmosphäre sorgen." Stimmt, vielleicht sind es nicht 100 Prozent, sondern neun von zehn Kunden, bei denen es uns gelingt. Das ist immer noch eine sehr gute Quote und unterstreicht, weshalb eine Reklamation ein Geschenk ist – weil wir die Chance bekommen, die Sache wieder in Ordnung zu bringen, und das gelingt uns – wie oben festgestellt – fast immer. Bei den Kunden, die uns den Rücken gekehrt haben, haben wir die Möglichkeit leider nicht mehr. Diese kommen so schnell nicht wieder.

Untermauert wird der Zusammenhang noch dadurch, dass es viel schwerer und teurer ist, einen neuen Kunden zu gewinnen als einen bestehenden Kunden zu halten. Sie sollten aus diesem Grund eine

Reklamation wertschätzen und sich großzügig verhalten. Daher ist es gut investierte Zeit und Kraft, die Sie für eine Reklamationsbearbeitung aufwenden.

> Kundenbeschwerden sind die beste Unternehmensberatung, die wir haben. Freuen Sie sich also über jeden reklamierenden Kunden. Er ist immer noch Ihr Kunde und in der Regel bleibt er es aus Dankbarkeit danach auch noch für viele Jahre, und das intensiver als zuvor.

Erinnern Sie das Gefühl nach einem Streit mit einem Freund oder einer Freundin, wenn es Ihnen gelungen ist, sich wieder zu vertragen? Nicht selten ist die Beziehung danach intensiver als zuvor. Nicht anders ist es nach einer erfolgreich abgewickelten Reklamation mit einem Kunden. Er kauft im Anschluss in der Regel mehr als vorher, das Vertrauen wurde wiederhergestellt und er ist Ihnen sogar dankbar für den geleisteten Einsatz (ggf. Kulanz) bei der Wiedergutmachung.

Mittels der nachfolgenden vier Phasen – genau in der Reihenfolge angewandt – können Sie praktisch jede Reklamation erfolgreich bewältigen (s. auch Abb. 7.1).

Beachten Sie dabei unbedingt, dass Sie sich nach dem aktiven Zuhören (1) und Verständnis zeigen (2) aufrichtig bei dem Kunden entschuldigen (3). Andernfalls ist keine Problemlösung (4) möglich, weil die Vergangenheit nicht abgeschlossen ist und der Kunde immer wieder auf das Problem zu sprechen kommt.

Abb. 7.1 Die vier Phasen einer erfolgreichen Reklamationsbearbeitung

Literatur

Barlow J, Moller C (1996) Eine Beschwerde ist ein Geschenk: der Kunde als Consultant. Ueberreuter, Wien

8

Großzügigkeit: Kleine Geschenke erhalten die Freundschaft

Wie fühlen Sie sich, wenn Sie etwas geschenkt bekommen haben? Wahrscheinlich sind es mehrere Emotionen, die auf Sie einströmen: Freude, Dankbarkeit, Liebe, Anerkennung oder kurz, Sie sind mehr oder weniger durch die Wertschätzung, die Ihnen angetan wurde, „beglückt". Zum exzellenten Service gehört es stets dazu, dass man mit einer gewissen Großzügigkeit in Vorleistung geht, insbesondere wenn es nur um (vermeintliche) Kleinigkeiten geht, die manchmal gar nicht so unbedeutend für den Kunden sind:

> **Der leidenschaftliche Rosenzüchter**
>
> Ein viel beschäftigter Hotelmanager züchtet in seiner spärlichen Freizeit mit Leidenschaft Rosen. Wochenlang gießt, düngt und beschneidet er sie, voller Liebe und Hingabe. Wenn ihn keiner beobachtet, redet er den Rosen sogar liebevoll zu und streichelt sie dabei.
> Eines Tages ist er völlig aufgelöst, weil seine schönste Rose schwächelte und trotz all seiner Mühen dahinwelkt. Dabei hatte ihm der Verkäufer seinerzeit versprochen, dass es sich um eine besonders robuste Sorte handelte. Er will den Verlust der Rose deswegen nicht so einfach hinnehmen und buddelt sie aus, um sie umzutauschen. Einen Kassenbon hat er zwar nicht

> mehr, es war schließlich nur eine kleine Summe. Aber es geht ihm um das Prinzip. Im Markt angekommen kümmert sich sogleich ein äußerst freundlicher und empathischer Mitarbeiter vom Service-Center um ihn. Er schaut zwar zunächst irritiert, als der Rosenliebhaber ihm sein Leid klagt: „Die schönste von allen …, dahin, einfach so dahin …! Dabei haben Sie doch gesagt, sie würde steinalt werden!"
> Der Servicemitarbeiter trauert einfühlsam mit ihm: „Es tut mir so leid. Das ist bestimmt ein schwerer Verlust für Sie." Nach einem weiteren Wechsel von Mitleidsbekundungen zahlt der Mitarbeiter ihm anstandslos die 8,95 € in bar aus, ohne Kaufbeleg, für eine verwelkte Pflanze, die er vor Monaten gekauft hatte, und sagt zum Abschluss nochmals: „Es tut mir so leid. Hoffentlich haben Sie in Zukunft mehr Glück. Das wünsche ich Ihnen von ganzem Herzen!"
> Die Gefühlslage des gestressten Managers verbessert sich daraufhin schlagartig. Draußen auf dem Parkplatz überlegt er, dass er ja eigentlich auch gleich eine neue Rose mitnehmen könnte und macht auf dem Absatz kehrt. Doch zurück im Laden kann er irgendwie die Pflanzenabteilung nicht finden und fragte eine Angestellte nach dem Weg. Ihre Antwort: „Es tut mir leid, wir sind ein Einrichtungshaus. Wir führen zwar Übertöpfe, aber wenn Sie eine Rose kaufen wollen, empfehle ich Ihnen das Gartencenter nebenan!"
> Das ist Service-Exzellenz! (Wo der Hotelmanager zwei Wochen später sein neues Sofa inkl. Beistelltisch gekauft hat, ist wohl selbsterklärend.)
> (Vgl. Rath 2018, S. 50–53)

Es bewahrheitet sich immer wieder, dass sich Großzügigkeit in Kleinigkeiten langfristig viel mehr auszahlt, als wenn man pedantisch und paragrafenverliebt auf sein Recht pocht. Wenn sich also ein Kunde mit einem Teil von einem Wettbewerber oder aus dem Internet zu Ihnen verirrt, schicken Sie ihn bitte nicht weg. Machen Sie es wie der Servicemitarbeiter aus dem Einrichtungshaus. Gewinnen Sie einen neuen Kunden! Es wird einige Kunden geben, die Ihre Kulanz ausnutzen. Statistisch beträgt die Missbrauchsquote aber nur zwei bis drei Prozent. Die meisten Menschen sind gut und werden sich mit Folgeaufträgen bei Ihnen bedanken.

Interessant ist, was dabei psychologisch in uns passiert, denn am liebsten möchten wir uns gleich wieder revanchieren, uns erkenntlich zeigen, und deutlich machen, dass auch wir ein guter und großzügiger Mensch sind. Psychologisch ausgedrückt: Unser Unterbewusstsein möchte sich

8 Großzügigkeit: Kleine Geschenke erhalten die Freundschaft

wieder „entschulden". Sie kennen das wahrscheinlich aus eigener Erfahrung, wenn Sie beschenkt wurden: „Auf jeden Fall müssen wir ihr/ihm nächstes Mal auch etwas schenken!"

Spendensammler machen sich diese psychologische Erkenntnis gerne zunutze, indem sie uns zunächst eine kleine Aufmerksamkeit zukommen lassen, bevor es um das eigentliche Anliegen geht. Ein Schokoladenherzchen, eine nette Postkarte, einen Schlüsselanhänger ... oder sogar eine Rose, wie man es von den *Hare-Krishna* Missionaren kennt. Die Wirkung ist verblüffend, weshalb sich landläufig der Spruch eingebürgert hat: „Kleine Geschenke erhalten die Freundschaft."

Nun werben wir in unseren Unternehmen nicht um Sektenmitglieder, sondern um Kunden, denen wir einen guten Dienst erweisen wollen, und das möglichst wiederkehrend. Daher ist es völlig legitim, wenn wir uns dieser bewährten Erkenntnis bedienen und dem Kunden mit einem kleinen Geschenk als Dankeschön für seinen Auftrag die weitere „Freundschaft" anbieten.

> Legen Sie daher nach erfolgtem Service ein Give-away auf die Rechnung oder übergeben Sie eine Kleinigkeit persönlich mit einem freundlichen Händedruck bei der Verabschiedung.

Im Kfz-Service bietet sich zum Hinterlegen der Beifahrersitz an, oder Sie hängen, wenn möglich, eine kleine Aufmerksamkeit an den Rückspiegel.

Sehr effektiv ist es, dem Kunden schon bei der Auftragserteilung etwas zu schenken. Geben Sie ihm beispielsweise bei der Unterzeichnung des Auftrags bewusst einen Werbe-Kugelschreiber Ihrer Firma in die Hand und sagen Sie im Anschluss, wenn er ihn wieder an Sie zurückgeben will: „Den schenke ich Ihnen – vielen Dank für Ihren Auftrag!"

Wenn Sie dem Kunden wenig später ein Zusatzprodukt zum Auftrag anbieten wollen, dürfte die Erfolgsquote deutlich ansteigen. Probieren Sie es aus! Sein Gehirn signalisiert unterbewusst: „Du kannst dich wieder entschulden." Einen „Verlust durch Service", wenn man es denn überhaupt so nennen will, gibt es daher so gesehen nicht. In der Regel werden Ihre Geschenke und Entgegenkommen langfristig bei weitem überkompensiert.

Bei jedem Auftrag sollten Sie sich im Übrigen Gedanken machen, was der Kunde aus Ihrem Sortiment über seinen Auftrag hinaus oder, besser gesagt, in Kombination, noch gebrauchen kann. Bei regnerischem Wetter bietet sich im Kfz-Service stets der Wechsel der Scheibenwischer an. Sie tun damit nicht nur Ihrer Firma etwas Gutes, sondern demonstrieren damit Ihre Aufmerksamkeit und Wertschätzung. Service-Exzellenz!

Literatur

Rath C (2018) Für Herzlichkeit gibt's kein App. Gabal, Offenbach

9

Zahlungsbereitschaft: Mit dem Preis steigt die Achtung

„Der Preis ist und bleibt das größte Erlebnis", hat mein Handelslehrer mir einmal mit auf den Weg gegeben. Und wenn man so manches Mal im Schlussverkauf („Sale") oder „Black-Friday" durch die Geschäfte geht, mag sich diese Weisheit auch bewahrheiten. Man bekommt manchmal den Eindruck, als wenn es „kein Morgen" gäbe. Doch es gibt auch Ausnahmen, nämlich vor allem dann, wenn Service – im weitesten Sinne – hinzukommt. Dann ändert sich die Wertschätzung für ein Produkt, teilweise sogar erheblich. Dazu zählt auch der sogenannte Transaktionsnutzen.

> **Ein kühles Bier am Strand**
>
> Sie liegen an einem heißen Strand und haben nur warmes Wasser zu trinken. Die ganze letzte Stunde denken Sie schon daran, wie gerne Sie jetzt ein kühles Bier schlürfen würden. Ein Freund nebenan steht auf, um telefonieren zu gehen, weil es an dem einsamen Strand keinen Funkkontakt gibt. Er bietet an, ein Bier von der einzigen nahen Verkaufsstelle – einem noblen Urlaubshotel – mitzubringen. Er sagt, das Bier sei möglicherweise etwas teurer und deshalb fragt er, wie viel Sie für das Bier maximal ausgeben wollen. Er versichert, dass er das Bier nur kaufen werde, wenn es genauso viel oder weniger kostet als der Preis, den Sie ihm nennen. Sie vertrauen ihm. Welchen Preis werden Sie ihm nennen? Denken Sie kurz nach …

> Aufgrund der Tatsache, dass Sie keine Möglichkeit der Kommunikation oder Verhandlung haben, müssen Sie von Anfang an Ihre wahren Präferenzen offenlegen und Ihre maximale Zahlungsbereitschaft kundtun. Im ökonomischen Fachjargon wird eine derartige Situation als „anreizkompatibel" bezeichnet. Die Pointe dabei ist, dass wir bereit sind, mehr für das Bier zu bezahlen, wenn es in einem Luxushotel gekauft wird als in einem Lebensmittelgeschäft. Bei dem tatsächlich durchgeführten Experiment in Kalifornien betrug der Unterschied, ob das Bier aus einem Luxushotel oder Supermarkt stammt, im Durchschnitt fast drei Dollar!
> (Vgl. Thaler 2018, S. 90–91)

Hätten Sie in beiden Fällen die gleiche Summe geboten? Das Experiment verdeutlicht, dass wir bereit sind, für das gleiche Produkt in der gleichen Situation unterschiedliche Preise zu zahlen, je nachdem, wo es gekauft wird. Aber was spielt es für unsere Bedürfnisbefriedigung – im obigen Beispiel ein kühles Bier trinken zu wollen – für eine Rolle, woher es stammt? Der Nutzen ist doch derselbe.

Wir sind bereit, Unterschiede hinzunehmen oder sogar zu verzichten, je nachdem, woher wir das Produkt oder die Leistung beziehen. Dieses Phänomen der (zusätzlichen) Zahlungsbereitschaft nennt man „Transaktionsnutzen". Wenn also unsere Kunden uns als Unternehmen (Marke) entsprechend wertig empfinden, sind sie auch (gerne) bereit, für die Leistung mehr zu bezahlen als bei Wettbewerbern, die das gleiche Produkt anbieten. Der psychologische Effekt geht sogar noch weiter. Wenn wir mit unserem „höheren Ansehen" nun die gleiche Leistung zum gleichen Preis wie der (status-)niedere Wettbewerb anbieten, hat der Kunde sogar das Gefühl, ein Schnäppchen gemacht zu haben. Es ist, als ob Sie das kühle Bier aus dem noblen Hotel für 1,50 Euro bekommen hätten.

> Merken Sie sich in jedem Fall, dass Sie die Zahlungsbereitschaft des Kunden durch den (zusätzlichen) Transaktionsnutzen erhöhen können.

Stehen Sie selbstbewusst zu Ihrem Produkt und dem dazugehörigen Service. Auch wenn von vereinzelten Kunden hin und wieder ein lapidares „Das ist mir zu teuer!" geäußert wird, heißt das noch lange nicht, dass das Verkaufsgespräch damit vorbei ist. Indirekt will der Kunde Ihnen damit sagen: „Das kann ich anderswo billiger bekommen!" Abgesehen von der Frage, warum der Kunde dann überhaupt zu Ihnen gekommen ist, wäre zu prüfen, ob das wirklich so stimmt. Denn wenn Sie den einzelnen Worten dieser Aussage im Sinne des Transaktionsnutzens einmal auf den Grund gehen, können Sie zumindest ernsthafte Zweifel hegen und gezielte Nachfragen stellen. (Vgl. Detroy 1999, S. 30–31) Zum Beispiel:

- *„Das"*: Handelt es sich wirklich um das gleiche Produkt bzw. die gleiche Dienstleistung oder werden nicht wieder die berühmten „Äpfel mit Birnen" verglichen?
- *„kann ich"*: „Kann ich" heißt noch lange nicht „werde ich". Vielleicht hat der Kunde auch nur von einem Bekannten von einem günstigeren Preis gehört oder es handelt sich um ein altes, bereits abgelaufenes Angebot.
- *„anderswo"*: Es gibt immer einen Billigeren, erst recht im Internet. Aber wollen wir bei einem unbekannten, in der Regel nicht vertrauenswürdigen Anbieter aus China kaufen, evtl. den Rechnungsbetrag noch im Voraus bezahlen? Viele Kunden haben im Internet schon ihre negativen Erfahrungen gemacht.
- *„billiger"*: Heißt billiger die gleiche Qualität? Sind alle Services im Preis enthalten? Wie sieht es mit Transport, Montage, Gewährleistung und dergleichen aus?
- *„bekommen"*: Ist das billigere Angebot überhaupt noch verfügbar bzw. der Preis noch aktuell? Oder handelt es sich um eine einmalige Sonderaktion vom letzten Jahr? Jeder möchte gerne den einmal erreichten Preis aus der Vergangenheit wieder erhalten. Das ist jedoch illusorisch.

Wenn der Preis durch den Transaktionsnutzen steigt, bedeutet das also mitnichten, dass Ihre Chancen im Wettbewerb dadurch sinken, oder, um es mit *Wilhelm Busch* zu sagen: „Und bei genauer Betrachtung, steigt mit dem Preis auch die Achtung!" (Busch 2016, S. 2)

Literatur

Busch W (2016) Maler Klecksel. Jazzybee, Norderstedt
Detroy EN (1999) Engpass Preis. Signum, Wien
Thaler R (2018) Misbehaving. Siedler, München

10

Verlustaversion: Kein Preisnachlass ohne Gegenleistung

Jeder von uns hat schon einmal Geld verloren. Hoffentlich waren es bislang nur kleine Beträge. Psychologisch spielt die Höhe des Betrages auch eher eine untergeordnete Rolle. Dagegen kommt der Angelegenheit eine andere Qualität zu, wenn es um einmal Erreichtes/Erworbenes geht. Lesen Sie dazu folgendes Beispiel:

> **50 Euro verloren**
>
> Angenommen, Sie haben 50 Euro für eine Konzertkarte bezahlt. Als Sie die Konzerthalle betreten wollen, bemerken Sie, dass Sie die Karte verloren haben. Es gibt noch Plätze, aber würden Sie noch einmal 50 Euro ausgeben? Die Mehrzahl der Befragten antwortet mit Nein.
> Wie aber würden Sie handeln, wenn Sie noch kein Ticket gekauft hätten und in der Schlange vor der Abendkasse feststellen, dass aus Ihrer Geldbörse ein 50-Euro-Schein verschwunden ist? In diesem Fall würden fast 90 Prozent der Befragten die Konzertkarte trotzdem kaufen.
> Die psychologische Erklärung lautet wie folgt: Im ersten Fall stellen wir uns vor, durch das Missgeschick würde das Konzert nicht 50 Euro kosten, sondern das Doppelte. Im zweiten Fall dagegen hat der Verlust mit dem Konzertbesuch scheinbar nichts zu tun. Und dennoch ist das Ergebnis in beiden Fällen dasselbe: Sie haben 50 Euro eingebüßt.
> (Vgl. Klein 2004, S. 248)

In vielen Experimenten konnte nachgewiesen werden, dass der Schmerz über Verluste größer ist als die Freude über Zugewinne. Diese psychologische „Verlustaversion" erklärt auch die Tatsache, dass Preissenkungen weniger wahrgenommen werden als Preissteigerungen. Wir Menschen neigen dazu, stärker um das einmal Erreichte zu kämpfen als um Zugewinne. Etwas zu verlieren ist für uns schlimmer, als etwas nicht zu bekommen, weil unser Gehirn stärker auf negative als auf positive Emotionen geeicht ist. Dies kann evolutionsbiologisch erklärt werden, weil Lebewesen, die in früheren Zeiten Bedrohungen vordringlicher behandelten als Chancen, höhere Überlebens- und Fortpflanzungschancen hatten (vgl. Kahneman 2014, S. 342–351). Insofern ist manchmal der größte Verlust ein entgangener Gewinn.

Als Händler müssen wir uns insbesondere bei der Rabattpolitik dieser psychologischen Gesetzmäßigkeit bewusst sein. Denn Rabatte versprechen einerseits einen Zugewinn, gleichzeitig mindern sie den Wert der Ware und damit den Selbstwert der Kunden, die diese Ware zuvor zu einem höheren Preis gekauft haben. Rabatte erzeugen insofern bei den Kunden eine psychologische Stresssituation.

> Nachgewiesen ist, dass ein Preisnachlass ohne Gegenleistung langfristig zu nachhaltigen Ertragseinbußen führen wird, weil einmal gewährte Zugeständnisse kaum mehr rückgängig zu machen sind.

Psychologisch haben Sie mit dem verminderten Preis einen neuen „Referenzpunkt (Anker)" gesetzt (vgl. Kahneman 2014, S. 374). Der Kunde wird wie oben geschildert um das einmal Erreichte kämpfen und nachtragend sein, wenn Sie es ihm nicht wieder gewähren. Der Niedergang der Baumarktkette *Praktiker* hat nach Einschätzung vieler Handelsexperten wesentlich mit den bedingungslosen Rabattaktionen „20 Prozent auf alles!" zu tun. Darauf wollten die Kunden nicht mehr verzichten und kauften außerhalb der Rabattzeiträume erheblich weniger ein. Geschickter ist es, wenn der Preisnachlass mit vermeintlich zweiter Wahl, Auslaufmodell, aufgerissener Verpackung, Gebrauchsspuren oder einem sonstigen

Mangel erklärt wird. Die Wertschätzung wird dadurch nicht so sehr in Mitleidenschaft gezogen, und es besteht dann eher die Chance, später wieder auf das ursprüngliche Preisniveau zurückzukehren.

Darüber hinaus können Sie sich sicher sein, dass die Nachhaltigkeit über die Freude, ob auf der Rechnung am Ende 465 oder 415 Euro stehen, ziemlich kurzlebig ist. Wenn Sie anstatt eines Preisnachlasses jedoch einen Service erweisen, wird dies sehr viel nachhaltigere Wirkung haben.

Hüten Sie sich daher vor vorschnellen Preisnachlässen, erst recht ohne Gegenleistung. Der Kunde fühlt sich dadurch nicht unbedingt besser, sondern psychologisch betrachtet sogar betrogen. Eine Dauerniedrigpreisstrategie ist aus Servicegesichtspunkten insofern immer das ehrlichere und kundenfreundlichere Pricing-Konzept. Außerdem können Sie sich dann in der Beratung auf Service und Qualität konzentrieren, anstatt lästige Preisdiskussionen führen zu müssen. Durch das Internet sind Preise ohnehin transparent und allgemein zugänglich, Ihr Service dagegen ist und bleibt einzigartig!

Literatur

Kahneman D (2014) Schnelles Denken, langsames Denken. Pantheon, München

Klein S (2004) Alles Zufall. Rowohlt, Hamburg

Teil II

Kommunikation

Der verbalen und nonverbalen Kommunikation kommt bei „Service-Exzellenz" eine besondere Bedeutung zu. In den folgenden Kapiteln (Kap. 11 bis 19) werden mithilfe anschaulicher Beispiele diejenigen Instrumente und Stilmittel herausgegriffen, die für einen herausragenden Service unabdingbar sind.

Im Service-Verkauf liegt häufig das große Missverständnis vor, man müsse einfach nur gut reden können, und „dann klappt das schon". Das stimmt jedoch nicht. Mindestens genauso wichtig wie das aktive Kommunizieren ist das aktive und aufrichtige Zuhören. Die große Kunst der erfolgreichen Kommunikation besteht nämlich darin, dass man die Bedürfnisse des Kunden genau kennt, um dann mit ganz gezieltem bzw. individuellem Service exakt den Nerv des Kunden zu treffen. Um dies herauszufinden, muss man insbesondere die Fragetechniken beherrschen.

Darüber hinaus bestätigt sich immer wieder, dass eine bildhafte Sprache mit Anekdoten und Metaphern viel überzeugender und für den Kunden auch wohltuender ist, als die technokratische Sprache vieler Produktbeschreibungen und Gebrauchsanweisungen. Hüten muss man sich in jedem Fall vor negativen Schaltwörtern und „Killerphrasen". Sie verhindern eine erfolgreiche Kommunikation. Nicht selten wird sie sogar mit einem deprimierenden Gefühl abgebrochen.

Service-Exzellenz in der Kommunikation heißt also vor allem die Verwendung einer positiven Sprache, sei es in Form von Formulierungen und Bildern oder durch Körpersprache. Der Kunde wird dadurch mit seinem Anliegen aufgewertet. Und selbst wenn der erste Anlauf nicht gefruchtet hat, so gibt es Instrumente und Stilmittel, wie beispielsweise das „Nudging" (Anstupsen), wodurch die Erfolgswahrscheinlichkeit deutlich erhöht werden kann.

11

Fragetechnik: Wer fragt, der führt

„Fragen kostet nichts", sagt man umgangssprachlich so schön. Aber warum fragen wir dann so wenig und reden lieber drauf los oder gehen von vorgefertigten Gedanken aus? Dabei können Fragen über „Leben und Tod" entscheiden!

> **Die Todesliste des Bären**
>
> Große Aufregung im Wald! Es geht das Gerücht um, der Bär habe eine Todesliste. Alle fragen sich, wer denn nun da draufsteht. Als erster nimmt der Hirsch allen Mut zusammen, geht zum Bären und fragt ihn: „Entschuldige Bär, eine Frage: Steh ich auch auf deiner Liste?" „Ja", sagt der Bär, „du stehst auch auf meiner Liste." Voller Angst dreht sich der Hirsch um und läuft weg. Und tatsächlich, nach zwei Tagen wird der Hirsch tot aufgefunden. Die Angst bei den Waldbewohnern steigt immer mehr und die Gerüchteküche auf die Frage, wer denn nun auf der Liste stehe, brodelt. Das Wildschwein ist das nächste Tier, dem der Geduldsfaden reißt und das daraufhin den Bären aufsucht, um ihn zu fragen, ob es auch auf der Liste stehen würde. „Ja, auch du stehst auf meiner Liste", antwortet der Bär. Verschreckt verabschiedet sich das Wildschwein vom Bären. Auch das

> Wildschwein findet man nach zwei Tagen tot auf. Nun bricht Panik bei den Waldbewohnern aus. Nur der Hase traut sich noch zum Bären. „Hey Bär, steh' ich auch auf deiner Liste?" „Ja, auch du stehst auf meiner Liste!", erwidert der Bär. Dann fragt der Hase weiter: „Kannst du mich da streichen?" – „Ja klar, kein Problem!"
> (Vgl. Däfler 2017, S. 231–232)

„Wer fragt, der führt!", lautet eine viel zitierte Binsenweisheit. Das gilt auch im Kundengespräch. Wird die Lage angespannt oder schwierig, schweigen viele lieber aus Angst, es könnte etwas (noch) Schlimmeres passieren. Dabei vertun sie sich die große Chance, die Situation zu entschärfen und ggf. das Blatt sogar noch zu wenden. Sprechen Sie Probleme daher offen an, fragen Sie ggf. den Kunden, ob er bereit ist, Ihnen zu verzeihen, wenn etwas richtig schiefgelaufen ist. Die meisten Menschen fühlen sich gut, wenn sie „gnädig" sein können, denn dadurch entsteht ein gewisses Machtgefühl. Wenn bei Ihrem Service ein Schaden entstanden sein sollte oder Sie aus Versehen irgendwelche Sachen vom Kunden beschmutzt oder kaputt gemacht haben, verschweigen Sie es nicht. Bitten Sie aufrichtig um Entschuldigung und fragen Sie den Kunden höflich um seine Erlaubnis, ob Sie sich sogleich um die Wiedergutmachung kümmern dürfen.

Fragen sind mächtige Kommunikationswerkzeuge und praktisch für jede Gesprächssituation geeignet. Der gezielte und professionelle Umgang mit den verschiedenen Frageformen ist ausschlaggebend, ob eine Kommunikation gelingt oder nicht. Das wird häufig unterschätzt. Durch Fragen verschieben sich die Redeanteile zwischen Ihnen und dem Kunden. Die meisten Serviceberater denken, dass der Kunde mehr Beachtung empfindet, wenn sie mehr reden. Das Gegenteil ist jedoch der Fall.

> Der Kunde soll mindestens doppelt so viel reden wie Sie. Ihre Aufgabe ist es, mithilfe von Fragen das Gespräch zu steuern!

Eine wichtige Fragemethode dazu ist der „Präsizierungstrichter". Ihre Nachfragen zu den Äußerungen des Kunden führen wie bei einem Trichter dazu, dass die Fragen und die entsprechenden Informationen immer weiter konkretisiert bzw. präzisiert werden. (Edmüller und Wilhelm 2016, S. 119)

Im Wesentlichen unterscheiden wir beim Service zwischen dem Einsatz von offenen und geschlossenen Fragen, deren Unterschied allgemein bekannt ist. Daher im Folgenden zusammengefasst, in welchen Situationen Sie welche Form anwenden sollten:

- Offene Fragen, wenn Sie Hintergrundinformationen benötigen, bspw. zum Einsatzzweck (Wofür benötigen Sie es …?), Meinungen einholen, oder den Kunden allgemein in die Lösung für sein Anliegen aktiv miteinbeziehen wollen. Sie sind daher für ein offenes und konstruktives Gespräch unabdingbar. Aufgrund der hier teilweise langatmigen Antworten sollten Sie für diese Art der Gesprächsführung etwas mehr Zeit einplanen.
- Geschlossene Fragen, wenn Sie Basisinformationen („Waren Sie damit schon im Urlaub?") oder das Einverständnis des Kunden benötigen („Sind Sie mit den Datenschutzbestimmungen einverstanden?"). Darüber hinaus können Sie mit geschlossenen Fragen jemanden auf eine bestimmte Meinung festlegen oder zumindest herausfinden, ob er sich festlegen lässt: „Wenn Sie mit A einverstanden sind, kann ich davon ausgehen, dass Ihnen auch B zusagt?"

Das Schlimmste, was passieren kann, ist, dass der Kunde „Nein" sagt, aber noch schlimmer ist es, nicht gefragt zu haben. Sie brauchen keine Angst vor Ihren Kunden zu haben, diese führen schließlich keine „Todeslisten".

Literatur

Däfler M-N (2017) Das Passwort fürs Leben heißt Humor: Die 44 Geheimnisse gelassener Menschen. Springer, Wiesbaden

Edmüller A, Wilhelm T (2016) Manipulationstechniken: So wehren Sie sich. Haufe Lexware, Freiburg

12

Soziale Bewährtheit: Nachahmung ist die höchste Form der Anerkennung

Es gibt Milliarden von Menschen, und doch glaubt jeder von sich selbst, anders als alle anderen zu sein. Was wir häufig gar nicht merken: Wir mögen es eigentlich viel mehr, genauso wie die anderen zu sein. Oder etwa nicht?

> **Lachkonserven**
>
> Eine meiner Lieblingssendungen im Studium war „ALF", der Außerirdische, der die Familie Tanner (inkl. Katze) regelmäßig in den Wahnsinn trieb – eine garantierte Lachpause beim vielen Büffeln. Natürlich gibt es viele andere Komödien, die ebenfalls die Lachmuskeln beanspruchen, in der Regel ist es aber doch nur „Kaugummi für die Augen".
>
> Interessant ist jedoch, warum das mit der Lachgarantie in diesen Serien immer wieder aufs Neue funktioniert, obwohl die Witze nicht immer echte „Brüller" sind. Die Fernsehmacher verwenden dazu einen kleinen Trick. Stellen Sie sich vor, es wären nach den einzelnen Szenen keine Lacheinspielungen von dem fiktiven, unsichtbaren Publikum im Hintergrund zu hören. Sie können davon ausgehen, dass Sie – und auch ich bei „ALF" – viel weniger lachen würden. Diese sogenannten „Lachkonserven" vermitteln uns eine Publikumsreaktion, die unser Gehirn ungefragt als das richtige Verhalten übernimmt. Obwohl es sich hierbei nur um einen unechten (manipulierten) Beweis für die angebliche soziale Bewährtheit einer Sache handelt, reagieren wir doch reflexartig und lachen mit. In diesem Fall dient das Prinzip der „Sozialen Bewährtheit" zu unserem Vergnügen.

Das Prinzip funktioniert natürlich auch bei vielen anderen Situationen, indem wir das Verhalten bei anderen beobachten und uns daran bei der eigenen Entscheidung orientieren. Diese Orientierungshilfe wirkt am stärksten, wenn wir Menschen betrachten, die so sind wie wir selbst. Rein „zufällig" entscheiden wir uns für die gleiche Autofarbe, denselben Kindernamen oder dieselbe Kleidungsmarke. Ihnen fallen bestimmt noch zahlreiche andere Beispiele ein. In Studien wurde herausgefunden, dass 95 Prozent der Menschen Nachahmer sind und nur 5 Prozent „Vormacher". Das ist nicht weiter tragisch, „Nachahmung ist schließlich die höchste Form der Anerkennung!"

Das Prinzip der „Sozialen Bewährtheit" lässt sich hervorragend auch im Service-Verkauf einsetzen. Neulich sagte beispielsweise ein Fachberater (der Begriff „Fachberater" klingt übrigens sehr viel serviceorientierter als „Verkäufer" und wertet den Beruf des Service-Dienstleisters auf) zu einem Kunden, als er seinen Radwechsel in Auftrag geben wollte: „Haben Sie Ihr Service-Sparpaket dabei?" Genial, der Kunde war sofort interessiert und hatte den Eindruck, als wenn es selbstverständlich sei, ein Service-Sparpaket zu besitzen. Denn die anderen Kunden dienen als Orientierungshilfe für das eigene Verhalten. Permanent senden wir Signale an andere, die vermitteln, was „man" so macht und erstrebenswert ist. Insofern können wir unser Umfeld alleine schon dadurch positiv beeinflussen, dass wir das gewünschte Verhalten einfach vorleben. Denn machen wir uns nichts vor: Wir wollen zwar alle etwas Besonderes sein, doch gleichzeitig übernehmen wir gerne die Einstellungen und Vorlieben unserer Mitmenschen. Wir meinen zwar, dass wir weit weniger beeinflussbar sind als andere, was nebenbei bemerkt statistisch unmöglich ist, Fakt ist jedoch, dass wir bei allem Streben nach Individualität doch wieder auf dieselben Vorlieben treffen (Sharot 2019, S. 201–204)

Zahlreiche Internetanbieter, allen voran *Amazon*, haben dieses Prinzip für den Onlinehandel geradezu perfektioniert, wenn Ihnen am Bildschirm gezeigt wird, was andere, die dieses Produkt wählten, noch zusätzlich eingekauft haben. Es gibt mit Sicherheit zig Beispiele in Ihrem Sortiment, die sich „sozial bewährt" haben.

> 95 Prozent der Kunden sind für „sozial bewährte" Hinweise sogar sehr dankbar.

Psychologisch betrachtet weichen wir Menschen nur ungern vom Standard ab, empfinden zum Teil „Reue", wenn wir die Norm verlassen haben und machen uns sogar Vorwürfe, weil wir es hätten besser wissen können. Diese Art der Risikovermeidung erklärt u. a. unsere Präferenz für Markenprodukte, bei denen wir uns auf der sicheren Seite fühlen.

Warum lassen wir uns von den Vorlieben anderer Menschen so offenkundig anstecken? Man bekommt den Eindruck, das Verhalten sei angeboren. Lesen Sie dazu die Anekdote der Neurowissenschaftlerin *Tali Sharot* (2019, S. 198–199):

> Eine glückliche Mutter lauschte einem Freund, wie er begeistert von einer „Doljanchi-Feier" erzählt. „Doljanchi" ist eine koreanische Tradition, die beim ersten Geburtstag des Kindes groß begangen wird. Das ahnungslose Baby wird vor einem Haufen Gegenstände gesetzt und ermuntert, sich einen davon zu nehmen. Je nachdem, wonach das Baby greift, so glaubt man, hat dies vorbestimmende Wirkung auf die Zukunft des Kleinen. Greift es nach etwas Essbaren, wird es nie Hunger erleiden, greift es nach einem Buch, wird es gebildet sein oder eine Karriere als Wissenschaftler einschlagen. Greift es nach einer Münze, wird es reich werden, greift es nach einem Pinsel, wird es Künstler usw.

> Die Mutter war fasziniert von dem Gedanken und bereitete eine Reihe von Gegenständen vor: ein Stethoskop (ob sie Ärztin würde?), einen Plüschhund (oder Tierärztin?), eine Pflanze (Naturliebhaberin), Gebäck (Köchin) u.a.m. Die kleine Tochter prüfte ihre Wahlmöglichkeiten sehr genau und entschied sich dann ohne Zögern für das *iPhone*, das die Mutter an der Tischkante hatte liegen lassen.

Es hätte die Mutter nicht überraschen sollen. Die Kleine war von dem Smartphone so besessen, dass sie von der einen Seite des Zimmers zur anderen robbte, nur um es zu fassen zu bekommen. Dabei hatte es keinen

Sinn, weil die Kleine weder E-Mails abrufen noch darauf spielen konnte. Immer wenn sie das Teil zu fassen bekam, steckte sie es in den Mund und fing an, darauf herumzukauen, auch dann, wenn essbare Dinge in Sichtweite waren. Womit lässt sich dieses Verhalten erklären?

Es war nicht der Geschmack oder das Geräusch, weshalb sie danach so wild war. Das kleine Mädchen hatte vom Tag ihrer Geburt an beobachtet, dass ihre Eltern mit großem Interesse damit hantierten. Es musste also von großer Bedeutung sein. Neurowissenschaftlich handelt es sich um einen instinktiven Reflex, den man als Impuls zum „Sozialen Lernen" bezeichnet. Das menschliche Gehirn eignet sich auf diese Weise Wissen aus dem sozialen Umfeld an. So lernen wir, was für uns wichtig ist und worauf wir im Leben zu achten haben.

Das „Soziale Lernen" findet auch im Erwachsenenalter statt, und so folgen auch die Kunden Ihren Empfehlungen, wenn Sie eine kompetente Ausstrahlung auf sie ausüben. Wenn Sie das Vertrauen anderer Menschen gewonnen haben, geschieht die Verhaltensimitation sogar ohne Worte. Sie können Ihr soziales Umfeld bereits dadurch beeinflussen, indem Sie das gewünschte Verhalten vorleben, also Vorbild sind.

Literatur

Sharot T (2019) Die Meinung der anderen: Wie sie unser Denken und Handeln bestimmt – und wie wir sie beeinflussen. Pantheon, München

13

(Aktives) Zuhören: „Habe ich Sie richtig verstanden?"

Schon als Kind werden wir von unseren Eltern gemaßregelt, dass wir richtig zuhören sollen. Was soll daran so schwer sein, denken wir uns, wir hören doch, was der andere sagt, oder etwa nicht?

> **Das Schwein**
> Ein Mann fährt mit überhöhter Geschwindigkeit eine Berglandschaft hinunter, als er plötzlich in einer Kurve scharf bremsen muss, weil ihm eine Frau in einem offenen Cabriolet entgegenkommt. Ziemlich in Rage brüllt die Frau: „Schwein!" Er fährt die Fensterscheibe herunter, erwidert lautstark und gestikulierend „Schlampe!" und gibt sogleich wieder Gas. Doch kaum hat er die Kurve ausgefahren, muss er eine Vollbremsung hinlegen. Denn mitten auf der Straße steht plötzlich ein einsames Schwein …
> (Autor unbekannt)

(Zu)Hören und verstehen sind zwei völlig verschiedene Paar Schuhe und selten deckungsgleich. Die meisten Menschen nehmen sogar nur etwa 25 Prozent von dem auf, was sie hören. Was geschieht mit den restlichen 75 Prozent, werden Sie sich fragen? Sie werden einfach *überhört*, ausgeblendet, als wären die Worte gar nicht gesprochen worden. „Man hört nur, was man hören will!", wird häufig im Volksmund gesagt. Dabei finden wir doch gerade durch gutes Zuhören heraus, was unser Gegenüber wirklich will. Wir vermeiden Missverständnisse und Irrtümer, erhalten einen Einblick in die Denkweise und das Empfinden unseres Gesprächspartners und bleiben insbesondere bei Kunden als angenehmer Serviceberater im Gedächtnis. Denn je länger der Redeanteil des Kunden in einem Gespräch ist, desto netter und klüger wird der Serviceberater eingeschätzt.

Zuhören ist im Service-Verkauf so wichtig, dass wir uns diese Fertigkeit regelrecht antrainieren müssen. Es erfordert vor allem Geduld und Selbstdisziplin, die eigenen Gedanken und Reaktionen hintenanzustellen. Wer gut zuhört, hat einen gewaltigen Vorteil: Wir Menschen sprechen mit einer durchschnittlichen Geschwindigkeit von 125 bis 150 Wörtern pro Minute, sind aber in der Lage, bis zu 450 Wörter pro Minute zu hören. (Zemke et al. 2012, S. 81) Das heißt, wir haben beim Zuhören genügend Zeit, das Wesentliche herauszuhören, wenn wir denn unsere Aufmerksamkeit ganz unserem Gegenüber widmen und uns nicht durch andere Gedanken (auch Vorurteile), Telefonate oder SMS, Lärm und dergleichen ablenken lassen. Setzen Sie deswegen im Service Ihren Ehrgeiz nicht daran, als Erster zu sprechen. Seien Sie stattdessen der Erste, der zuhört. Fassen Sie dabei das Gesagte zunächst kurz zusammen. Das trainiert das Zuhörvermögen ungemein. In der Fachliteratur wird dies auch als „Kontrollierter Dialog" bezeichnet. Es ist manchmal gar nicht so einfach, sämtliche Gedanken und das, was der Gesprächspartner bezweckt, vollständig und korrekt wiederzugeben. Aber probieren Sie es selber aus!

Insbesondere bei Reklamationsgesprächen können Sie dem verärgerten Kunden durch (aktives) Zuhören Ihre Wertschätzung und Ihr Mitgefühl ausdrücken: „Habe ich Sie richtig verstanden, Sie sind nun schon das dritte Mal deswegen hier? An Ihrer Stelle wäre ich genauso verärgert!" (vgl. Abb. 7.1) In diesem Sinne ist aktives Zuhören eine effektive Versachlichungsmethode. Das Wunderbare beim aktiven Zuhören ist, dass es so klingt, als wenn Sie ein Zugeständnis gemacht hätten. Dabei haben Sie dem Kunden als Mensch einfach nur ein kostbares Geschenk gemacht: Sie haben sein tiefes Bedürfnis nach Bestätigung bzw. Anerkennung befriedigt.

> Orientieren Sie sich an der Regel, dass der Gesprächsanteil des Kunden möglichst zwei Drittel der Zeit ausmacht und Ihrer dagegen „nur" ein Drittel, dafür aber zielgerichtet und lösungsorientiert erfolgt.

Lassen Sie den Kunden ruhig geduldig erzählen, was er mit dem Konkurrenzprodukt für tolle Erfahrungen gemacht hat oder weshalb sein Händler/Handwerker des Vertrauens sowieso der Beste ist, oder dass im Internet sowieso alles günstiger ist. Wenn es immer nur um den Preis ginge, müsste unser Kunde alles online bestellen. Das will er aber gar nicht und es würde ihn auch nicht glücklicher machen. Ein begnadeter Rhetoriker hat einmal gesagt: Das Ziel einer Diskussion ist, als erster das letzte Wort zu haben. Haben Sie also Geduld, hören Sie erst einmal (aktiv) zu, getreu dem Grundsatz: „Die Tatsache, dass Menschen mit zwei Ohren, aber nur einem Mund geboren werden, lässt darauf schließen, dass sie doppelt so viel zuhören wie reden sollen!" (Faria und Webster 1993, S. 270)

Literatur

Faria AJ, Webster JH (1993) Creative Selling. Southern-Western Company, Cincinnati

Zemke R, Anderson K, Anderson KJ, Hansen-Vinçon K (2012) Umwerfender Service: Die Bibel für den direkten Kundenkontakt. Unter Mitarbeit von John Bush. Campus, Frankfurt am Main

14

Metaphern: Bilder sind schnelle Schüsse ins Gehirn

Überzeugende Kommunikation erfordert das Sprechen in Bildern, denn Bilder befinden sich bei der Wahrnehmung auf der Überholspur. Sie sind wie „schnelle Schüsse ins Gehirn" (Kroeber-Riel 1993, S. 53). Überlegen Sie einmal, wie viel Text Sie anstelle von Bildern benötigen, um den gleichen Inhalt wiederzugeben. Darüber hinaus gelingt es Ihnen, mit bildhafter Sprache eine gewisse Emotionalität zu vermitteln.

> **Arabischer Frühling**
>
> „Jemandem die kalte Schulter zeigen." „Die unsichtbare Hand des Marktes." „Der eiserne Vorhang." „Der Treibhauseffekt." „Die Immobilienblase." „Einen Rettungsschirm aufspannen" … Metaphern begegnen uns im Prinzip überall: von der Schlagzeile in der Zeitung bis zur alltäglichen Kommunikation. Unser Gehirn liebt dabei alles, was anschaulich und bildhaft ist. Das kann es sich am besten merken und am leichtesten verarbeiten. Wir Menschen sind biologisch gesehen also in erster Linie visuell gesteuerte Wesen. Psychologische Untersuchungen haben darüber hinaus gezeigt, dass der Austausch einer Metapher in einem Text oder Gespräch beim Empfänger eine vollkommen andere Reaktion auslösen kann. Der „Arabische Frühling" klingt instinktiv zunächst einmal positiv und angenehm für unser Gehirn: die Vögel singen, warmer Sonnenschein, sprießenden Knospen, duftende Blüten … Das heißt, wohlklingende Assoziationen werden in uns geweckt. Doch Moment mal, sprechen wir nicht über Bürgerkriege und von einem riesigen Blutbad?! (Vgl. Lancaster 2018, S. 20)

In unserer medialen Welt sind wir einer permanenten Informationsflut ausgesetzt. Werbung, Konversationen, Bilder, Texte, Musik und Gedudel, wo man nur hinschaut. Ob auf Plakaten im Straßenverkehr, aus dem Fernseher, im Radio oder über WhatsApp, Facebook & Co.: Unser Gehirn ist völlig überfordert und „schaltet das Licht aus" bzw. „den Scheinwerfer an". Es werden nämlich nur die Informationen „beleuchtet" (fokussiert), die uns interessieren. Man nennt dies „selektive Wahrnehmung". Wenn Sie möchten, dass Ihre Botschaft beim Empfänger ankommt, müssen Sie sich also gegenüber der (Informations-)Konkurrenz durchsetzen. Ihre Informationsdarbietung muss demzufolge „größer, lauter oder bunter" sein.

> Bilder werden vom Gehirn ganzheitlich wahrgenommen, weniger hinterfragt, bleiben länger im Gedächtnis haften und sind sogar verhaltenswirksamer. (Vgl. Kroeber-Riel 1993)

Das reine gesprochene Wort „verhallt" dagegen. Eingepackt in bildhafte Sprache bzw. Metaphern besteht dagegen die Chance, das Verhalten des Kommunikationsempfängers maßgeblich zu beeinflussen.

Unser Gehirn geht also bei der Sprachverarbeitung assoziativ vor. Wenn es bspw. „Messer und Hals" hört, stellt es eine Verbindung zwischen beiden her. Daraus ergibt sich für die Kommunikation: Wir sind schneller von etwas überzeugt, wenn wir „im Bilde" sind. Die Macht unserer Worte bzw. Sprache ist deshalb immer auch eine Macht der Bilder, die durch Worte erzeugt werden. Ein nüchterner und völlig emotionsloser Sprachausdruck ist wie ein Vampir: Er saugt dem Sprachempfänger die Energie aus mit der Folge, dass dieser nicht mehr richtig zuhört und die Kommunikation am liebsten abbrechen würde. Sprechen Sie dagegen in lebhaften Bildern, können Worte zu schönen Edelsteinen werden. Eine trockene, abstrakte (Fach-)Sprache oder Sprachhülsen sind dagegen wertloses Geröll. Sie werden von unserem Gehirn gnadenlos aussortiert. Die Wahl der Metapher ist somit oft ausschlaggebend dafür, ob ein Argument ankommt oder nicht. Daher spielen Metaphern bei der Meinungsbildung im Verkaufsgespräch eine entscheidende Rolle. Was Metaphern besonders mächtig macht, ist die Tatsache, dass wir in der Mehrzahl der Fälle gar nicht merken, dass eine Metapher verwendet wird, weil Metaphern tief in den instinktiven Bereich des Gehirns eintauchen.

> Sprechen Sie in Bildern. Senden Sie dem Kunden Ihr Angebot als Bild oder besser noch in Form eines kurzen Video-Clips. Sie ersparen sich damit sehr viel Kommunikations- und Überzeugungsaufwand!

Wie heißt es so schön: „Ein Bild sagt mehr als tausend Worte!" Achten Sie darauf, welche Art von Metaphern Ihre Kunden verwenden. Spielen Sie die gleiche Art von Metaphern zurück, denn jeder Mensch hat seine Vorlieben. Verwendet er Sportmetaphern, reagieren Sie mit Ihrem Angebot als „Volltreffer", welches die „Bundesliga anführt" und zur „Champions-League" gehört. Der Mitarbeiter oder Kollege, der seinen Auftrag bearbeitet, ist natürlich der „beste Mann auf dem Platz". Spricht der Kunde dagegen eher in technischen Bildern, sollten Sie ebenfalls „den Turbo einschalten" und „Gas geben", damit der Auftrag heute noch fertig wird.

Meine Lieblingsmetapher in unserem Betrieb stammt von einem begnadeten Verkäufer, der einem Kunden auf seine Frage, ob der hitzebeständige Lack auch für Motorradauspuffe geeignet sei, antwortete: „Damit können Sie durch die Hölle fahren!" Obwohl er nicht mit einer einzigen Silbe etwas über die qualitativen Eigenschaften bzw. technischen Details der Farbe ausgesagt hat, nahm der Kunde – sichtlich zufrieden mit der Antwort – die Lackspraydose und ging damit zur Kasse.

Literatur

Kroeber-Riel W (1993) Bildkommunikation: Imagerystrategien für die Werbung. Vahlen, München

Lancaster S (2018) Winning Minds: Die Geheimnisse überzeugender Kommunikation. Springer, Berlin/Heidelberg

15

Körpersprache: Die non-verbalen Botschaften

Wer sich nur auf die verbale Kommunikation beschränkt, verzichtet mindestens auf 50 Prozent seiner Möglichkeiten, überzeugend zu wirken (Harpe 1993, S. 25). Denn die Körpersprache spielt beim Empfänger eine besonders große Rolle. Der Inhalt der Botschaft kann noch so gut (verbal) vorgetragen worden sein, wenn die Körpersprache nicht stimmig ist, kommt selbst der vermeintlich beste Serviceberater nicht zum Ziel. Aber lesen Sie selbst:

> **Der Ziska-Effekt**
>
> Auf einem Stress-Stabilitätsseminar des Altmeisters *Erich-Norbert Detroy* ging es um Reklamationen, aber was für welche! In den Video-Übungen ging heiß her. Da tobte der Kunde: „Ich schmeiß alles hin, hol deinen Kram wieder ab!" Verbal floss da Blut. Wir mussten den Kunden beruhigen und ihm anschließend noch etwas verkaufen, aber auf keinen Fall die Ware zurücknehmen. So richtig bekam das keiner von uns hin, außer *Eckehard Ziska* aus Ulm. Er war der einzige, der verkaufte. Bei ihm schmolz der Kunde nur so dahin. Die anderen waren stinksauer und meuterten hinterher: „Du hast es ihm leicht gemacht!" – „Ich konnte nicht anders!", erwiderte der Teilnehmer in der Kundenrolle etwas verlegen. „Detroy", sagten die anderen, „zeig noch mal das Video!" Auf dem Video war zu erkennen, dass

> Eckehard Ziska keine besseren Argumente verwendete als die übrigen Teilnehmer. Plötzlich sagte einer: „Ich glaube, ich habe da etwas gesehen. Lasst das Band noch einmal ohne Ton abspielen!" Und jetzt wurde es deutlich. Egal, was Eckehard Ziska sagte, er tat das immer mit einem leichten Nicken, dabei die Hand offen und mit einem freundlichen Lächeln im Gesicht. Ein Teilnehmer fragte ihn: „Mensch, Eckehard, machst du das immer so?" Eckehard antwortete *nickend*: „Weiß ich nicht!" Alle lachten. „Hast du auch Kunden, mit denen du nicht zurechtkommst?", fragte der nächste. Eckehard nickte weiter, fast schon wie ein „Wackel-Dackel": „Kann ich mir nicht vorstellen!" (Detroy 2004)

Der „Ziska-Effekt", wie ihn *Erich-Norbert Detroy* gerne nennt, wurde auch wissenschaftlich bestätigt. In einem Experiment sollten Versuchspersonen Nachrichten über Kopfhörer anhören, um angeblich die Qualität der Audiogeräte zu testen. Dabei sollten sie ihre Köpfe wiederholt bewegen, um evtl. Klangverzerrungen festzustellen. Die eine Hälfte der Teilnehmer sollte mit dem Kopf nicken, die andere Hälfte mit dem Kopf schütteln. Diejenigen, die mit dem Kopf nickten, stimmten den Nachrichten, die sie hörten, im Allgemeinen zu, während die kopfschüttelnde Gruppe überwiegend ablehnte. (Kahneman 2014, S. 74)

Eine freundliche Mimik und überzeugende Gestik sind nicht nur im Service-Verkauf ungemein viel Wert, sondern im Umgang mit Menschen im Allgemeinen. Jedes Kind sollte daher bereits in der Schule Rhetorik- oder Schauspielunterricht bekommen. In jedem Fall aber gehören regelmäßige Kommunikationsschulungen zu jedem professionellem Servicebetrieb.

> Die überzeugende Körpersprache mit aufmerksamen Blickkontakt, einer aufrechten und dadurch überzeugend wirkenden Körperhaltung, dem bewussten Einsatz von Stimme und Stimmlage sowie dem gekonnten Einsatz von Mimik und Gestik – all das gehört zum Rüstzeug jeder serviceorientierten Fachkraft.

Jeder Servicemitarbeiter sollte deshalb bereits zu Beginn seiner Tätigkeit mindestens einmal vor der Kamera gestanden haben. Natürlich ist es ungewohnt, sich und seine Stimme auf der Leinwand zu erleben. Die Erfahrung ist jedoch für die eigene Persönlichkeitsentwicklung sehr wichtig. „So nimmt mich also der Kunde wahr?" Sie werden sehr schnell verstehen, weshalb eine kurze Hose vor dem Kunden nicht besonders professionell wirkt, oder dass Piercings im Gesicht unseren natürlichen Gesichtsausdruck beeinträchtigen. Auch Vollbärte haben es etwas zu „verbergen". Eine krumme Körperhaltung wirkt weniger überzeugend als ein aufrechter Stand. Ebenso klingen unsere Worte aufrichtiger, wenn wir Hände und Arme geöffnet (einladend) vor dem Körper halten, als verschränkt (ablehnend) vor der Brust, wie es teilweise auf Werbefotografien in Mode gekommen ist.

Häufig kann man es nicht in Worte fassen, deswegen heißt es eben „Körpersprache". Das Gute ist, auch die Sprache des Körpers kann man erlernen und trainieren. Sollten Sie also noch an keinem Rhetorik-Seminar teilgenommen haben, melden Sie sich bei nächster Gelegenheit dazu an. In jedem IHK-Bezirk gibt es regelmäßig Angebote zu akzeptablen Preisen von guten Trainern in diesem Bereich, sodass bereits Auszubildende daran teilnehmen können und sollten. Sie werden es ganz bestimmt nicht bereuen und verblüfft sein, wie sich Ihre Wirkung auf andere Menschen dadurch (positiv) verändert.

Literatur

Detroy EN (2004) Überzeugende Preisverhandlung: So setzen Sie Preise durch und schmettern Nachlässe ab. Sales-Masters, Neumarkt

Harpe M (1993) Rhetorik. Tebbert, Münster

Kahneman D (2014) Schnelles Denken, langsames Denken. Pantheon, München

16

Dialektik: Ja, und?

Wie wir bereits festgestellt haben, hat die Wahl unserer Wörter erhebliche Auswirkung auf den Erfolg unserer Kommunikation. Manchmal sind es nur kleine sprachliche Änderungen, und unser geschriebenes oder gesprochenes Wort bekommt eine ganz andere Aussagekraft.

> **Der Blinde im Central Park**
>
> Ein Werbetexter aus New York war an einem sonnigen Frühlingstag auf dem Weg in seine Agentur und ging dabei durch den Central Park. Die Bäume blühten prächtig und die Vögel zwitscherten fröhlich. Am Ausgang des Parks bemerkte er einen blinden Bettler, der neben seinem Hut ein Pappschild stehen hatte. Die Aufschrift lautete: „Ein Blinder bittet um Ihre Spende!" Der Werbetexter hatte keinen Dollar dabei, so er fragte den Blinden, ob er ihm ein neues Pappschild schreiben darf. Es waren nur wenige Worte, die er schrieb. Und der blinde Mann konnte auch nicht lesen, was jetzt auf dem Schild stand. Er bemerkte nur eines: Seitdem er das neue Schild hatte, flatterte ein Dollarschein nach dem anderen in seinen umgedrehten Hut. Wie er sich nach einer Weile erzählen ließ, stand auf dem Schild lediglich geschrieben: „Es ist Frühling *und* ich bin blind."
> (In Anlehnung an Schwarz 2008, S. 35–36)

In unseren Dialogen verwenden wir häufig das Wort „aber". Ohne dass wir es beabsichtigen, führt ein „aber" im Nebensatz meistens dazu, dass das zuvor Gesagte – was vor dem Komma steht – in seiner Aussage abgeschwächt wird, und damit wird der Eindruck erweckt, als ob wir gar nicht zu unserer Aussage stehen würden. Zum Beispiel: „Ich kann Ihnen den Termin machen, *aber* das wird eine Stunde dauern!" „Das Angebot ist sehr gut, *aber* es gilt nur bis zum 31. März." „Da stimme ich Ihnen zu, *aber* …" Es sind insbesondere diese, meist aus sprachlicher Gewohnheit verwendeten „Ja, aber …"-Sätze, die uns bzw. dem Kunden das Gefühl geben, doch nicht verstanden worden zu sein. Achten Sie selbst einmal darauf, was Sie empfinden, wenn jemand mit der „Ja, aber …"-Dialektik auf Ihre Aussage antwortet. Irgendwie fühlt man sich doch mit seinem Argument – trotz der vermeintlichen Bestätigung durch das „Ja" – nicht ernst genommen, oder?!

> Ersetzen Sie das Wort „aber" einfach durch ein „und". Für den Kunden klingt das nicht so einschränkend (destruktiv) und wirkt teilweise sogar aufbauend (progressiv).

„Wir haben den Termin für Sie eingebucht, *und* es wird etwa eine Stunde dauern!" „Das Angebot ist sehr gut, *und* es gilt noch bis zum 31. März!" „Ich stimme Ihnen zu, *und* wir haben die Erfahrung gemacht, dass der andere Reifen noch länger hält." *Samuel Johnson* sagte einmal: „Die Sprache ist die Kleidung der Gedanken" und die Dialektik das Spiel mit Worten (Neumann und Ross 2004, S. 7). Also, spielen Sie mit!

Doch wovor Sie sich in jedem Fall hüten müssen, sind sogenannte „Killerphrasen".

Pensionsängste

„Nichts ist sicher. Ich bin überzeugt, dass ich später keine Pension mehr vom Staat erhalten werde", klagt ein gut bezahlter Verwaltungsdirektor während einer Konferenzpause. Ein (Vollkasko-)Beamter mit Pensionsängsten, denke ich mir, hat Sorge, dass er seine Pension nicht erhält, für die der Staat bürgt? Das ist unbegründet, doch der Verwaltungsbeamte zweifelt weiter: „Auf nichts und niemanden ist heute mehr Verlass!" Eine derart pessimistische

16 Dialektik: Ja, und?

> Unterhaltung nervt einen Optimisten wie mich und deswegen habe ich ihm folgende Wette angeboten: „Wenn Sie tatsächlich keine Pension erhalten sollten, zahle ich Ihnen Ihre Pension für die ersten drei Monate aus meiner privaten Tasche. Wenn Sie aber Ihre Pension erhalten, gehen die ersten drei Monate an mich. Abgemacht?" Er hat sich Bedenkzeit erbeten, die Antwort steht bis heute aus. (Weidner 2017, S. 39–40)

„Killerphrasen" sind negative Schaltwörter, bei denen von einer Sekunde auf die andere ein Hebel im Gehirn umgelegt wird und eine vernünftige Kommunikation kaum mehr möglich ist. „*Nie* bekomme ich Unterstützung, *immer* muss man *alles* alleine machen. *Keiner* hilft einem, *jeder* denkt nur an sich!" Fünf negative Schaltwörter, in diesem Beispiel als Übertreibungen, in nur zwei Sätzen, die jegliche Kommunikation zunichtemachen. Genau aus diesem Grund nennt man sie Killerphrasen. Leider ist dieses Beispiel nicht einmal übertrieben. Manche Menschen haben es sich angewöhnt, so zu reden. Es ist anstrengend bis fast unmöglich, sich mit jemandem vernünftig zu unterhalten, der in jedem zweiten Satz Killerphrasen verwendet. Killerphrasen sind daher im Service tabu!

Für einen Wissenschaftler ist es zwar ein einfaches Spiel, derartige Übertreibungen nach wenigen Augenblicken zu entlarven. Denn man braucht nur ein einziges Gegenbeispiel zu nennen, und streng wissenschaftlich gesehen ist die Aussage (These) damit entkräftet. Aber es raubt einem die Energie und Freude an der (menschlichen) Unterhaltung. Die Gesprächsatmosphäre leidet darunter ungemein. Übrigens, „Killerphrasendrescher" wirken auf andere auch weniger sympathisch, sie merken es nur nicht. Nun sind wir im Service-Verkauf nicht an der Universität und wollen mit dem Kunden keinen akademischen Diskurs betreiben, dennoch sollten Sie Ihre eigene Sprache kontrollieren. Zeichnen Sie Gespräche ggf. hin und wieder auf (natürlich mit Einverständnis Ihres Gesprächspartners). Es ist, wie gesagt, in der Regel (nur) eine unschöne Angewohnheit, die man sich auch wieder abtrainieren kann. In Kommunikationsschulungen schreiben wir dazu die identifizierten Killerphrasen untereinander in einer Spalte links auf einem Blatt Papier und überlegen uns in der rechten Spalte, welche Begriffe wir alternativ oder besser gesagt korrekterweise, hätten verwenden können.

Sollte der Kunde dagegen auffällig oft selbst mit Killerphrasen argumentieren, steuern Sie mithilfe der Fragetechnik dagegen. Mit geschlossenen Fragen oder Alternativfragen lenken Sie die Kommunikation in eine konstruktive Richtung, wie zum Beispiel: „Wie würden Sie entscheiden, wenn es folgende Alternativen gäbe …?"

Literatur

Neumann R, Ross A (2004) Der perfekte Auftritt. Murmann, Hamburg
Schwarz G (2008) Führen mit Humor. Gabler, Wiesbaden
Weidner J (2017) Optimismus: Warum manche weiter kommen als andere. Campus, Frankfurt

17

Abwehrrhetorik: Interessant!

Persönlich bin ich zwar nicht so ein Freund von manipulativer Rhetorik. Nichtsdestotrotz sollten uns ausgewählte „Stilmittel" vertraut sein. Auch im Servicekontakt mögen Sie sich hin und wieder in einer schwierigen oder ausweglosen Lage befinden. Das kann selbst „gestandenen Persönlichkeiten" wie Professoren passieren.

> **Die schlagfertige Studentin**
>
> Ein Professor an der Hochschule ist dafür bekannt, dass er Studenten, die zu spät in seine Vorlesungen kommen, ziemlich barsch zurechtweist. „Wir treffen uns im Examen wieder, nicht wahr? Werden Sie dann pünktlich sein?" Eine Zeit lang hatte er sogar die Tür von innen abgeschlossen, sodass die Zupätkömmlinge draußen verharren mussten. Die Brandschutzverordnung verbietet dies jedoch, weil dadurch der Fluchtweg versperrt wird. Wie auch immer, Zuspätkommen kommt bei ihm einer Mutprobe gleich …
>
> Eines Morgens passierte es wieder. Die 22-jährige Studentin durfte sich die üblichen Kommentare anhören. Anstatt sich jedoch schnell in die hinteren Reihen zu schleichen, ging sie unbeeindruckt an der ersten Reihe vorbei, hielt kurz am Rednerpult an, sodass er irritiert seine Vorlesung unterbrach. Laut genug, dass es über das Headphone im ganzen Hörsaal übertragen wurde, hörte man sie sagen: „Guten Morgen, Herr Professor,

> wissen Sie eigentlich, dass die Farbe Ihrer Krawatte genau die Farben Ihrer Augen widerspiegelt?" Sie hatte kaum ausgesprochen, da spürte er schon, wie vom Kragen her langsam sein Hals rot anlief, was wiederum eine andere Studentin aus der ersten Reihe zu dem Kommentar verleitete: „Ich glaube, er wird rot!" Der Farbgebungsprozess in seinem Gesicht wurde dadurch noch beschleunigt!
> Die schlagfertige Studentin hat ihr Examen übrigens mit einer Eins bei ihm abgeschlossen und Kommentare wegen Zuspätkommens gibt es seitdem keine mehr!
> (In Anlehnung an Weidner 2011, S. 157).

Sollte es vorkommen, dass Sie sich von einem Kunden oder sonstigem Gesprächspartner regelrecht „an die Wand gepresst" fühlen, denken Sie in dieser Situation an die mutige Studentin. Eine Bemerkung, ein Kommentar, womit Ihr Kunde überhaupt nicht rechnet, verschafft Ihnen wieder Raum und Zeit zum Durchatmen. Man nennt dies auch „Abwehrrhetorik". Diese sollte jedoch charmant und äußerst selektiv erfolgen, damit es nicht zu einem Streit kommt. Insofern eignen sich eher persönliche Komplimente oder ein aufrichtiges Lob, um die Aufmerksamkeit Ihres Gesprächspartners in eine positive Richtung zu wenden.

Die Stilmittel der Abwehrrhetorik bestehen immer darin, dass der Reiz-Reaktionsmechanismus des Gesprächs durchbrochen wird. Dazu muss man in der Lage sein, gedanklich auf Distanz zu gehen. Eine effektive Methode aus der Psychotherapie ist in diesem Zusammenhang das Wort „interessant".

> Schreiben Sie sich INTERESSANT in Großbuchstaben auf ein Karteikärtchen und legen Sie dieses als Gedächtnisstütze in Ihre Brieftasche. Wenn Sie nächstes Mal in eine Konfliktsituation kommen, sagen Sie sich innerlich: „Interessant!" Sie gewinnen Abstand und Luft, um aus der Zwickmühle herauszukommen.

Eine andere Möglichkeit besteht darin, dass Sie sich einfach dumm stellen. Zugegeben, ist die dieses Stilmittel nicht immer so einfach. Zumindest kann man einen Gesichtsverlust damit vermeiden.

Insgesamt kann man festhalten, dass jeder Mensch (Kunde) als wichtig, hübsch oder intelligent wahrgenommen werden möchte. Seien Sie daher aufmerksam, was Aussehen, Kleidung, Sprache, Beruf, Hobbys und dergleichen anbelangt und platzieren Sie an geeigneter Stelle eine nette Bemerkung. „Ihre Sneakers wollte ich mir gestern auch kaufen!" „Ihre Brille unterstreicht Ihr freundliches Lächeln!" „Das Auto steht Ihnen gut. Am liebsten würde ich mir auch so eines kaufen!" „Mit Ihrem hübschen Kleid könnten Sie glatt einen Werbefilm für Ihre Automarke drehen!" Nicht selten wird auch der Serviceabschluss dadurch eine glatte „Eins"!

Literatur

Weidner J (2011) Die Peperoni-Strategie: So nutzen Sie Ihr Aggressionspotenzial konstruktiv. Campus, Frankfurt

18

Nudging: (An)Stupser zum Erfolg

Der Wirtschaftspsychologe *Richard Thaler* wurde 2017 für seine Forschungen zum Thema „Nudging", was so viel wie „Anstupsen" bedeutet, mit dem Nobelpreis für Wirtschaft ausgezeichnet. Dabei handelt es ich um eine extrem effektive Methode, wie man durch klare, einfache, direkte Erinnerungen, wie zum Beispiel in Form einer SMS oder E-Mail, das Verhalten von Menschen beeinflussen kann. Er konnte nachweisen, dass es weniger auf Vermitteln eines speziellen Inhalts oder einer zusätzlichen Information ankommt, sondern vielmehr auf die Erinnerung als Gedächtnisstütze an sich.

> **Mathe-Klausur**
>
> Die Hälfte der Eltern einer Schulklasse an einem College in England wurde im Vorfeld einer Mathe-Klausur per SMS benachrichtigt, dass ihr Kind in fünf Tagen eine wichtige Klassenarbeit schreiben würde. Drei Tage beziehungsweise dann nochmals einen Tag vor dem Prüfungstermin erhielten sie weitere Kurznachrichten. Die andere Hälfte der Eltern erhielten keine SMS.

> Die Schüler der vorabinformierten Eltern schnitten ein bis zwei Noten besser ab, die schlechtesten 25 Prozent der Schüler profitierten darunter am meisten. Sie verbesserten sich so, als ob man ihnen bis zu zwei Monate zusätzlichen Mathe-Unterricht gegeben hätte.
> Anschließend sagten sowohl die Eltern als auch die Schüler, sie hätten gerne, dass das Programm fortgesetzt werde.
> (Thaler 2018, S. 444)

Wie im obigen Beispiel hat *Richard Thaler* in zahlreichen Experimenten die Effektivität des Nudging unter Beweis gestellt. Das Personalmanagement von *Google* hat sich diese Erkenntnis bei der Einstellung von neuen Mitarbeitern zunutze gemacht und schickt den Vorgesetzten der Fachbereiche an dem Sonntag, bevor der neue Mitarbeiter anfängt, eine Erinnerungsmail. (Bock 2016, S. 272) Auch wenn das Vorstellungsgespräch viele Wochen zurückliegt, wird auf diese Weise sichergestellt, dass jeder neue Kollege mit offenen Armen empfangen wird. Sie erinnern sich: „Für den ersten Eindruck gibt es keine zweite Chance!" Vor dem Nudging hatten Mitarbeiter zu einem signifikant höheren Anteil das Unternehmen innerhalb der Probezeit wieder verlassen.

Nudging funktioniert auch wunderbar im Service. Wie oft kommt es vor, dass Kunden ihre Termine nicht wahrnehmen. Die Bereitstellung von Service beansprucht wertvolle Ressourcen. Dabei spielt es keine Rolle, ob es sich um einen Frisörtermin handelt, einen Platz im Restaurant, ein Hotelzimmer, ein Beratungs- oder Werkstatttermin. Wenn der Kunde, Gast oder Klient nicht kommt, werden Ressourcen verschwendet.

> Durch Nudging kann die Quote von Kunden, die nicht zum vereinbarten Termin erscheinen – sogenannte „No-Shows" – mit hoher Wahrscheinlichkeit reduziert werden.

Ähnlich wie bei der Mathe-Klausur werden insbesondere die nachlässigen Kunden ihre Präsenz und Pünktlichkeit durch das Anstupsen deutlich erhöhen. Das Nudging ist also wie ein Adventskalender, nur dass „das letzte Türchen" dann Ihre Eingangspforte ist!

Unabhängig vom Nudging führen Wiederholungen in kognitiver Hinsicht zu einem angenehmen Gefühl der Vertrautheit. Man kann also gar nicht oft genug darin erinnern, auch wenn es einem lästig vorkommen sollte. Natürlich wollen wir niemanden mit unseren „Stupsern" nerven, doch die Wirkung auf die bewusste Wahrnehmung ist psychologisch nachgewiesen (siehe z. B. zum „Mere-Exposure-Effekt" Kahneman 2014, S. 90). Ähnlich gelagert ist auch folgendes Verhaltensdesign:

Mahnschreiben

Das Arbeitsministerium in Singapur hatte ein Problem. Haushalte, die ausländische Hausangestellte beschäftigten, bezahlten keine Abgaben und verstießen damit gegen das Gesetz. Das Ministerium hätte auf verschiedene Weise versuchen können, an das Geld zu kommen. Es entschied sich für eine einfache, kostengünstige Intervention. In einem Feldexperiment schickte es das übliche Mahnschreiben an die eine Hälfte der säumigen Haushalte auf weißem Papier. Die andere Hälfte erhielt das Schreiben in Pink. Es funktionierte. Von denjenigen, die das Schreiben in Pink erhalten hatten, bezahlte ein viel größerer Teil seine Steuerschulden.

Die Farbe Pink besitzt keine magischen Eigenschaften, aber in Singapur drucken die Mobilfunkanbieter ihre Zahlungserinnerungen auf pinkfarbenem Papier, bevor im nächsten Schritt der Anschluss gesperrt wird. Die Farbe verstärkt also die Botschaft, dass eine wichtige Zahlung ansteht und beeinflusst somit das Verhalten.
(Bohnet und Schäfer 2017, S. 137)

Sicherlich gibt es auch bei Ihnen zahlreiche Beispiele, wie Sie durch das Designen von Informationen bzw. Angeboten das Verhalten Ihrer Kunden beeinflussen können: Gutscheine mit einer Zehn-Euro-Banknote, HU-Erinnerungsschreiben mit einer TÜV-Plakette, rot/grüne Ampeln beim Service-Check, STOP-Zeichen oder sonstige Verkehrsschilder; all diese Signale haben durch unsere Sozialisation einen (verhaltens-)vorprogrammierten Einfluss auf uns. Sie können zum Anstoßen von erwünschtem oder unerwünschtem Verhalten benutzt werden. Positiv betrachtet wird die Kommunikation dadurch effizienter, weil man schneller zum Ziel kommt. Es geht darum, gelernte Verhaltensmuster auf die jeweilige Situation zu übertragen. Und insbesondere bei einigen Serviceangelegenheiten, auf die der Kunde nicht verzichten sollte, wie zum Beispiel sicherheitsrelevante Reparaturen oder präventive Wartungen, sind derartige Verhaltensverstärker durchaus legitim.

Literatur

Bock L (2016) Work rules! Wie Google die Art und Weise, wie wir leben und arbeiten, verändert. Vahlen, München

Bohnet I, Schäfer U (2017) What works: Wie Verhaltensdesign die Gleichstellung revolutionieren kann. C.H. Beck, München

Kahneman D (2014) Schnelles denken, langsames Denken. Pantheon, München

Thaler R (2018) Misbehaving: Was uns die Verhaltensökonomik über unsere Entscheidungen verrät. Siedler, München

19

Kognitive Dissonanz: „Sie haben richtig gewählt!"

Bereits in der Fabel „Der Fuchs und die Trauben im Weinstock" nach dem griechischen Dichter *Äsop* kommt zum Ausdruck, wie wichtig die innere Bestätigung von getroffenen Entscheidungen für unsere mentale Gesundheit ist.

> **Der Fuchs und die Trauben im Weinstock**
>
> Ein Fuchs schleicht sich an einen Weinstock heran. Sein Blick hängt sehnsüchtig an den dicken, blauen, überreifen Trauben. Er stützt sich mit seinen Vorderpfoten gegen den Stamm, reckt seinen Hals empor und will ein paar Trauben erwischen, aber sie hängen zu hoch. Verärgert versucht er sein Glück noch einmal. Diesmal holt er zu einem gewaltigen Satz aus, doch er schnappt nur ins Leere.
> Beim dritten Mal springt er aus Leibeskräften – so hoch, dass er auf den Rücken fällt. Nicht ein Blatt bewegt sich. Daraufhin rümpft der Fuchs die Nase: „Sie sind mir noch nicht reif genug. Ich mag keine sauren Trauben." Erhobenen Hauptes stolziert er in den Wald zurück.

Wie bei dem Fuchs in der Fabel fängt auch unser Gehirn an, Rechtfertigungen zu finden, wenn wir aufgrund von getroffenen Entscheidungen mit uns nicht im Reinen sind. Wir können es einfach nicht ertragen, eine falsche Wahl getroffen zu haben. Jeder von uns kennt das zweifelnde Gefühl nach einem getätigten Einkauf, ob die Hose denn wirklich so gut passt, die Farbe einem steht oder nicht oder das günstigere Modell vielleicht doch gereicht hätte …

In der Psychologie bezeichnet man das als „kognitive Dissonanz". Es besteht eine Inkonsistenz, das sind Widersprüche zu unserer inneren Einstellung, die uns belasten und als psychische Konflikte erlebt werden. Die kognitive Dissonanz wiegt umso schwerer, je größer die Bedeutung das gekaufte Produkt für einen selbst hat und je größer die Vorteile der ausgeschlagenen Alternative sind. (Kroeber-Riel und Gröppel-Klein 2013) Um mental gesund zu bleiben, versucht unser Gehirn, diesen Konflikt zu lösen, indem Inkonsistenzen von vorneherein vermieden, reduziert oder verdrängt werden. Dies geschieht beispielsweise, indem man seiner (Produkt-)Marke treu bleibt und keine Experimente wagt. Der Marke kommt damit eine ungemeine psychosoziale Funktion zu, die nicht selten wichtiger ist als die eigentliche Qualität des gekauften Produkts. Wir haben den Effekt bereits im Kapitel „Soziale Bewährtheit" angesprochen. Kognitive Dissonanz ist ein allgemeines Phänomen.

Nach einem getätigten Einkauf suchen wir aktiv also stets nach Argumenten, dass die Anschaffung oder die empfangene Dienstleistung doch gar nicht so schlecht war: „Es war schließlich im Sonderangebot!", oder: „Ich hatte keine Lust, mich stundenlang damit zu beschäftigen!" Zur Vermeidung von kognitiver Dissonanz suchen wir regelrecht nach Informationen und Bestätigungen, dass unsere Kaufentscheidung die richtige gewesen ist. Wir bauen die innere Spannung (Konflikt) ab, indem wir unliebsame Gedanken regelrecht wegdrücken. Dabei sind wir teilweise sehr kreativ. Wir gehen zum Beispiel Konkurrenzprodukten und -werbung gezielt aus dem Weg, um uns nicht unnötig zu belasten.

> Geben Sie jedem Kunden nach seiner Kaufentscheidung ein gutes Gefühl. Bestätigen Sie ihn ausdrücklich, eine gute Wahl getroffen zu haben!

„Sie haben sich für ein köstliches Menü entschieden!" bzw. „… eine gute Auswahl getroffen!" „Es wäre auch meine erste Wahl gewesen!" Solche Bestätigungen beugen unerwünschten Kaufrückabwicklungen vor. Sie kennen es bestimmt von Beipackzetteln oder Gebrauchsanweisungen: „Wir gratulieren zu diesem hervorragenden Produkt ..."

Besonders beim Autokauf sind derartige Nachkaufbestätigungen ungemein wichtig, weil es im Nachgang (im Internet!) so unzählige Alternativen gegeben hätte. Sobald die Zweifel beim Kunden hochkommen, muss er sich an zwei bis drei Schlüsselargumente (Vorteile) erinnern, die Sie ihm zum Abschluss als Bestätigung mit auf den Weg gegeben haben: „Und denken Sie daran, Sie haben zwei Jahre lang die Wartung über den Service-Pass inklusive!" Oder „Es handelt sich um ein regionales (handgefertigtes) Produkt. Das ist in seiner Machart einzigartig!"

Ähnlich verhält es sich bei Preisgesprächen. Der Preis ist die Gegenleistung für unseren Einsatz oder, wie mein Handelslehrer *Bruno Tietz* immer zu sagen pflegte: „Der Preis ist das Nadelöhr, durch das alle Waren und Leistungen hindurchmüssen." War die Leistung nicht gut (genug), wiegt der Preis zu schwer und die Waage ist nicht mehr im Einklang. Beim Kunden entstehen wiederum kognitive Dissonanzen. In der Regel müssen wir vom Preis ablassen, damit Preis und Leistung wieder stimmig sind. Behalten Sie das Bild der Waage bei Preisgesprächen daher stets vor Augen und nennen Sie Preise immer zusammen mit einer Leistung. Oder besser noch: Beginnen und schließen das Preisgespräch immer mit einer Leistung! Man nennt das auch „Sandwich-Preisangaben" – Leistung/Preis/Leistung – der Preis wird wie bei einem Hamburger mit Leistungen verpackt. „Sie bekommen das Produkt für 89 Euro inkl. Montage!" Oder: „Das Produkt hat einen Preis von 89 Euro und die Wartung ist auch enthalten!" Das Letztgenannte bleibt uns immer stärker in Erinnerung, und das soll die Leistung und nicht der Preis sein. So werden nachträgliche Dissonanzen von vornherein vermieden.

Um im Bild der Waage zu bleiben: Geben Sie deswegen auch keinen Preisnachlass ohne Gegenleistung. Möchte der Kunde weniger zahlen, müssen Sie etwas von der Waagschale nehmen. Das kann ein älteres Modell sein, was Sie ihm alternativ anbieten, ein Produkt ohne Verpackung, ein gebrauchtes Teil ohne Garantie oder Ähnliches. Sie können aber auch die Waage neu justieren und das Angebot neu formulieren: „Wenn Sie gleich zwei kaufen, können wir Ihnen den Preis im Paket günstiger anbieten!"

Wenn Sie dem Kunden einen Preisnachlass ohne Gegenleistung geben, machen Sie sich unglaubwürdig und der Kunde wird diesen Rabatt immer wieder einfordern. Außerdem fühlt er sich nach einem Rabatt (ohne Gegenleistung) auch nicht unbedingt gut. Vordergründig mag er sich über das gewonnene Geld freuen, das Unterbewusstsein sagt ihm jedoch: „Diese Betrüger, hätte ich nicht nach Rabatt gefragt, hätten die mir glatt 50 Euro mehr abgeknöpft!" Oder es entstehen wiederum nachträgliche kognitive Dissonanzen: „Hätte ich noch mehr Nachlass fordern sollen/können?"

Das Wichtigste ist jedoch, dass Sie selbst Freude am Preisgespräch haben und Preise mit klarer und sicherer Stimme nennen. Ihre positive Ausstrahlung überträgt sich auf den Kunden und er hat ein gutes Gefühl, bei Ihnen richtig zu sein!

Literatur

Kroeber-Riel W, Gröppel-Klein A (2013) Konsumentenverhalten. Vahlen, München

20

Kritik: Wie man Freunde gewinnt (oder verliert)

Sprache kann aufbauende oder verletzende Wirkung haben. Jeder von uns kennt das Gefühl nur zu gut, wenn wir mit bösen Worten gekränkt bzw. mit lieben Worten wieder getröstet wurden.

> **Das verletzte Wasser**
>
> Der Mediziner *Masaru Emoto* untersuchte unter Laborbedingungen, wie sich Tonschwingungen auf das Wasser und seine Molekülstruktur auswirken. Mit der von ihm entwickelten Wasserkristallfotografie konnte er beweisen, wie durch Worte die Kristallstruktur des Wassers verändert wird. Seine zahlreichen Experimente muten auf den ersten Blick etwas sonderbar an, doch das Ergebnis ist überraschend. So beschimpfte er z. B. in mehreren Versuchsdurchgängen ein Glas Wasser mit Worten wie „hässlich", „dreckig", „Du machst mich krank!" oder „Ich werde Dich umbringen!". Ein anderes Glas Wasser wurde mit positiven Worten bedacht und gelobt: „Du bist sehr schön!", „Danke, dass es dich gibt!" und „Ich liebe Dich!".
> Das Wasser, welches gelobt wurde, blieb frisch und konnte noch nach einigen Tagen getrunken werden. Bei dem beschimpften Wasser war das Gegenteil der Fall. Die jeweiligen Wasserproben wurden eingefroren und unter dem Mikroskop fotografiert. Dabei zeigte sich, wie das Wasser auf die unterschiedlichen Schwingungen der Sprache reagiert: Negative Worte enthalten eine disharmonische Energie, die auf Wasserkristalle eine zersetzende Wirkung ausübt und zu zerstörten chaotischen Formationen führt.
> (Vgl. Eichler 2018, S. 114–115)

Der Verkaufstrainer *Erich-Norbert Detroy* hat in einem Seminar anhand der fiktiven Wörter „MALUMA" und „TAKETE" die unterschiedliche Wirkung von aufbauender und zerstörerischer Sprache auf unseren Gemütszustand verdeutlicht. So kann Sprache weich, zart, einfühlsam und liebevoll sein, wie bei „MALUMA". „KRITIK" fühlt sich dagegen wie „TAKETE" an. Sie ist hart, kantig, gefährlich oder abstoßend und kann mit der zerstörerischen Sprache gleichgesetzt werden kann. *Dale Carnegie* hat in seinem herausragenden Werk „Wie man Freunde gewinnt – Die Kunst beliebt und einflussreich zu werden" eindrucksvoll dargestellt, dass Kritik nutzlos ist (Carnegie 1985, S. 35). Denn Kritik drängt den anderen in die Defensive und gewöhnlich fängt er sogleich an, sich zu rechtfertigen. Kritik verletzt den Stolz des anderen, kränkt sein Selbstwertgefühl und erweckt seinen Unmut. In neunundneunzig von hundert Fällen beschuldigt sich ein Mensch nicht selbst, mag er auch noch so sehr im Unrecht sein. Selbst Schwerverbrecher nicht. Es waren immer irgendwelche Umstände oder andere Personen Schuld.

In einigen Staaten gilt beim Militär noch heute die Vorschrift, dass kein Soldat unmittelbar Kritik anbringen darf. Er muss erst einmal eine Nacht darüber schlafen und seinen Groll abkühlen. Kann er nicht warten, wird er bestraft. Ein solches Gesetz würde uns in Unternehmen manchmal auch guttun. Denn Kritik üben will gelernt sein. Man muss sehr feinfühlig dabei umgehen und sich mit seinem Gegenüber auf einer horizontalen Gesprächsebene befinden. Das benötigt Zeit und verlangt sehr viel Vertrauen. Ruhig zuhören, sich in die Situation des anderen hineinversetzen, keine Pauschalierungen oder Verallgemeinerungen treffen, ist dazu als Kommunikationsdisziplin vonnöten. Andernfalls führt es zu wechselseitigen Schuldzuweisungen mit einem „ping-pong" von Angriff- und Verteidigungs- bzw. Rechtfertigungsversuchen.

> Im Service bzw. Kundenkontakt sollten wir dagegen auf Kritik besser verzichten. Entweder kommt der Kunde von selbst darauf, dass er einen Fehler begangen hat oder es war halt ein Missverständnis, Missgeschick oder unglücklicher Zufall. Es gibt keine Servicekraft, die jemals eine kritische Auseinandersetzung (Streit) mit einem Kunden gewonnen hat!

Beruflich gehört es zu Ihrem Job, auch mit kritischen Kunden professionell umzugehen. Auch dafür werden wir bezahlt. Privat sollten Sie sich allerdings von notorisch kritischen Menschen fernhalten; deren negative Energie zersetzt ansonsten irgendwann Ihre Moleküle. Und der Mensch besteht schließlich zu fünfzig Prozent aus Wasser!

Literatur

Carnegie D (1985) Wie man Freunde gewinnt. Scherz, Bern
Eichler H (2018) Die verblüffende Macht der Sprache. Springer Gabler, Wiesbaden

Teil III

Motivation

Im Gegensatz zur materiellen Produktwelt überzeugen wir im Service im Wesentlichen durch immaterielle Leistungen. Das macht Service so einfach und schwer zugleich. Auf der einen Seite steht die Ressource Mensch als Servicekraft zur Verfügung, auf der anderen Seite aber nur insoweit, wie auch die Bereitschaft dieser Ressource vorhanden ist, (guten) Service zu erbringen. Und das ist Motivationssache. Service ist daher in hohem Maße Einstellungssache.

Natürlich kann man arbeitsvertraglich die Erbringung eines guten Service vereinbaren. Wir wissen alle aus unseren Erfahrungen aber nur zu gut, dass, wenn die Einstellung nicht vorhanden ist, man guten Service nicht so einfach befehlen kann. Die Motivation spielt demzufolge für Service-Exzellenz eine herausragende Rolle. Als Unternehmen kann man noch so viele Service-Schulungen anbieten, wenn der innere Wille nicht vorhanden ist, ist das wie beim Lernen in der Schule in einem Fach, auf das man keine Lust hat: Da rein, da raus!

Spätestens seit dem Bestseller „Mythos Motivation" von *Reinhard Sprenger* wissen wir, dass wir streng genommen gar nicht motivieren können, sondern lediglich die Rahmenbedingungen dafür schaffen können, damit alle Beteiligten auch in der Lage sind, sich selbst zu motivieren. Echte Motivation ist demnach immer intrinsische Motivation, also von innen heraus, aus eigenem Antrieb.

Die gute Nachricht ist, dass man sich mental sehr wohl selbst programmieren und die eigene Motivation sogar auf den Kunden übertragen kann. Manchmal müssen wir dazu unsere gewohnte Komfortzone verlassen und im Service lernen, mit (kleinen) Niederlagen umzugehen, zum Beispiel, wenn der Kunde einmal „Nein" sagt. Dadurch dürfen wir uns nicht entmutigen zu lassen. Das erfordert ein gesundes Selbstbewusstsein, Motivation und Hingabe. Allein das Bewusstsein um diese in der Regel psychologischen bzw. motivationalen Phänomene ist ein wichtiger Bestandteil von Service-Exzellenz.

21

Einstellung: Wahre Motivation kommt von innen

Das größte Dilemma der Motivation ist sicherlich die Erkenntnis, dass sie in letzter Konsequenz immer von innen, von einem selbst kommen muss, wenn die Umsetzung mit voller Hingabe erfolgen soll. Lesen Sie aber zunächst die Geschichte der „Lausbuben" (in Anlehnung an den amerikanischen Sozialpsychologen *Alfie Kohn*):

> **Der alte Mann im Park**
>
> Jeden Tag saß da dieser alte Mann, von seinen Kriegsverletzungen gezeichnet, auf einer Bank im Schlosspark und genoss die ihm verbleibende Zeit, indem er den Kindern beim Spielen zuschaute. Durch den Park führte auch der Weg zur Grundschule, und täglich spielte sich die gleiche Szene ab: Die frechen Jungs ärgerten und hänselten den armen alten Mann wegen seiner Amputationen auf abscheuliche Weise. Das war schon ein bedauernswerter Anblick. Er konnte einem richtig leidtun. Aber eines Tages griff der alte Mann zu einer List. Er sagte zu dem Anführer mit seiner gebrochenen Stimme: „Hey du, hier hast du einen Groschen (im Nachkriegsdeutschland konnte man sich für einen Groschen eine Brause kaufen!). Wenn ihr morgen wiederkommt und mich wieder so hänselt, bekommt jeder von euch zwanzig Pfennig!" Der Junge nahm ihn nicht ernst und hatte am nächsten Tag seine Worte schon fast vergessen, als der alte Mann jedem der Bengel

> tatsächlich zwanzig Pfennig in die Hand drückte. Die Lausbuben trauten ihren Augen nicht und der alte Mann legte noch einen drauf und sagte: „Wenn ihr morgen wiederkommt, dann gebe ich euch 50 Pfennig!" Das entsprach praktisch dem Taschengeld einer ganzen Woche! Die Jungs konnten es kaum erwarten, schwänzten die letzte Stunde und machten sich auf in den Park. Sie zogen wieder auf das Übelste über den alten Mann her und fragten ihn schließlich: „Und was bekommen wir, wenn wir dich morgen wieder so ärgern?" „Morgen", antwortete der alte Mann, „Morgen bekommt ihr gar nichts!" Empört sah ihn der Anführer an und blaffte beleidigt: „Dann kommen wir auch nicht wieder!" Die Bande zog ab und ließ sich nie wieder mehr bei dem alten Mann blicken.
> (Vgl. Kohn 1990)

Was war passiert? Worin bestand die List des alten Mannes? Richtig, er hatte die Motivation der Kinder fremdgesteuert. Zuerst war es ihr eigener Antrieb, den alten Mann zu hänseln. Man nennt das in der Psychologie auch „primäre" oder „intrinsische" Motivation. Die Kinder wollten es von sich aus, waren innerlich motiviert. Als die materielle Belohnung ins Spiel kam, wurde die einst intrinsische Motivation in eine „sekundäre" oder „extrinsische" Motivation gewandelt. Die Kinder machten es von nun an für Geld, und das ist bei weitem nicht das Gleiche!

Wir sind an einem zentralen Punkt, wenn nicht sogar an dem entscheidenden Erfolgsfaktor für Service-Exzellenz angelangt. Herausragenden Service erbringen wir nur, wenn wir es auch wirklich von innen heraus wollen.

> Niemand kann Sie mehr motivieren als Sie sich selbst!

Damit wir uns selbst motivieren können, müssen – wie einleitend gesagt – zum einen die Rahmenbedingungen so beschaffen sein, dass wir uns auch selbst motivieren können. Darüber hinaus sollten Sie sich im Sinne einer gesunden Selbstmotivation angewöhnen, lösungsorientiert zu denken. Denn guter Service bedeutet stets, den Wunsch des Kunden im Blickfeld zu haben. Als Kunde spüren wir dieses (serviceorientierte)

21 Einstellung: Wahre Motivation kommt von innen

Verhalten sofort. Sehr häufig beobachtet man bei der Problem- bzw. Lösungsorientierung sogar eine Polarisierung: Es gibt Menschen, die stets die Hindernisse, Ausreden oder Gründe suchen, warum etwas *nicht* geht. Sie können sagen und vorschlagen, was sie wollen, es findet sich sogleich ein neues Problem, sobald sie eines gelöst oder entkräftet haben – richtige „Miesmacher". Auf der anderen Seite gibt es Menschen, die anstatt für jede Lösung ein Problem zu finden, für jedes Problem eine Lösung parat haben. Lesen Sie folgenden Erlebnisbericht von *Ingo Hein*, einem Filialleiter von AUTOPLUS aus Berlin:

Ein Stück Lachs im Brötchen

Auf Usedom gibt es zwischen den Orten Ahlbeck und Heringsdorf in einem Abstand von ca. 150 Metern zwei Fischerhütten. Die eine lag etwas näher an unserem Hotel und deshalb ging ich dort hinein und fragte die Dame hinter dem Tresen, ob es möglich wäre, ein Stück Lachs im Brötchen zu bekommen, da es offensichtlich diverse andere Fische im Brötchen gab, aber kein Lachsbrötchen. Die Dame erklärte mir, dass sie das normalerweise nicht macht, sie ja extra Haut vom Fisch nehmen müsste, extra abwiegen und noch irgendwas, warum es ihr ausgesprochen schwer fiel, meinem Wunsch nachzukommen. Ich hatte schon gar nicht mehr zugehört, denn so dermaßen zur Last fallen wollte ich natürlich nicht.

Einige Minuten später kam ich an der anderen Fischerhütte vorbei. Nach kurzem Zögern traute ich mich, den Wunsch nach einem Lachsstück im Brötchen nochmals zu äußern, denn auch in dieser Fischerhütte desselben Betreibers wurden diese Brötchen offensichtlich nicht angeboten. Und jetzt passierte das Unglaubliche: Die Dame hinter dem Tresen zuckte nicht einmal, nahm ein Brötchen und ein Stück Lachs, verschwand für höchstens eine Minute in der Küche und siehe da, ich durfte mein Lachsbrötchen gegen vier Euro in Empfang nehmen. Ich war begeistert! Freudestrahlend verließ ich den Laden und genoss das leckere Brötchen.

Jetzt war ich ja neugierig, was die andere Verkäuferin wohl zu diesen „Servicedifferenzen" zu sagen hatte. Vielleicht wusste sie noch gar nichts von dem neuen Angebot, und so bin ich auf dem Rückweg nochmal rein in die andere Fischerhütte. Obwohl ich meinen Hinweis ganz ruhig und freundlich vorgebracht hatte, kamen von der Dame wieder nur Ausflüchte. Nach ein paar Sätzen hin und her beendeten wir sichtlich genervt das Gespräch. War es für sie tatsächlich nicht möglich, oder hatte sie in Wirklichkeit einfach nur keine Lust? Mein Fazit: Wer etwas will, findet Wege, wer nicht, findet Ausreden!

Es macht doch viel mehr Spaß, in freudige (Kunden-)Augen zu schauen, wenn man etwas möglich gemacht hat, als mit jemanden streitig zu argumentieren, warum etwas (vermeintlich) nicht geht. Kunden sind im Allgemeinen sehr dankbar, verhalten sich freundlich und sind vor allem auch zahlungsfreudiger, wenn man ihre Probleme löst und ihnen einen guten Dienst erweist.

Gewöhnen Sie sich daher an, im Sinne des Kunden lösungsorientiert zu denken und nicht notorisch nach Problemen zu suchen oder mit den Worten von *Franz Kafka* : „Verbringe nicht die Zeit mit dem Suchen des Hindernisses, vielleicht ist keines da." (Kafka 2013)

Literatur

Kafka F (2013) Gesammelte Werke: Tagebucheintrag vom 16.09.1920. Anaconda, Köln

Kohn A (1990) zit. nach Sprenger RK (2014) Mythos Motivation: Wege aus einer Sackgasse. Campus, Frankfurt

22

Berufung: Service ist das wahre Leben

Service hat etwas meisterlich Erhabenes an sich. Service-Exzellenz ist wie ein vollendetes Werk oder ein gelungenes Menü. Wir erfreuen uns daran. Und so, wie ein guter Koch gewissermaßen eine Koryphäe auf seinem Gebiet ist, empfinden wir den gleichen Respekt bei wirklich guten Servicekräften. Sie leben ihren Beruf, so wie bei diesem Gedicht (in Anlehnung an Roedig 1988):

> Service, ein Lächeln, das leuchtet und siegt,
> der Druck einer Hand und die Art, wie man blickt.
> Der Ton einer Stimme, überzeugend und wahr,
> das Knüpfen von Freundschaft alle Tage im Jahr.
> Service ist eine Kunst, ist Wissen ums Wie,
> ist Quell für Beratung – ist wahres Genie.
> Service heißt Klarheit, Bereitschaft und Streben,
> Service, mein Freund, ist wahres Leben!

Wer exzellenten Service erbringt, hat in der Regel auch einen angenehmen Charakter als Mensch, ist bei anderen beliebt und gerne in Gesellschaft gesehen. Menschen, die sich serviceorientiert verhalten, haben viele positive soziale Kontakte und genießen ein hohes Ansehen.

Service-Exzellenz ist eine Königsdisziplin, erst recht im digitalen Zeitalter, wenn persönliche Kontakte seltener werden. Schon heute erleben viele von Ihnen, wie gerne sich ausgewählte Kunden immer wieder von Ihnen oder einem beliebten Kollegen bedienen lassen. Ist das nicht die höchste Anerkennung in unserem Beruf überhaupt, wenn ein anderer Mensch, ohne mit Ihnen in familiärer oder vertraglicher Beziehung zu stehen, sich bei Ihnen gut aufgehoben fühlt, Ihnen vertraut? Betrachten Sie Ihre Arbeit im Service und Verkauf unter diesem Blickwinkel. Mit Service-Exzellenz heben Sie Ihre stillen persönlichen Reserven. Sie werden erstaunt sein, wie erfolgreich und gleichermaßen glücklich Sie sein können, wenn Service zu erbringen nicht nur Ihr Beruf ist, sondern zur Berufung wird. Wie sagte *Konfuzius* einst so schön: „Wähle einen Beruf, den du liebst, und du brauchst keinen Tag in deinem Leben mehr zu arbeiten!" (Herrmann 2017)

Viele Servicekräfte sind mit dem Problem konfrontiert, dass an ihren Berufsqualifikationen noch althergebrachte „geschlechterstereotypische" Vorstellungen haften, ob die jeweiligen Berufe von Männern oder Frauen ausgeübt werden. Aus unserer generationenübergreifenden Historie und Sozialisation lässt sich dies auch nicht einfach aus unseren Köpfen eliminieren.

> **Die Notoperation**
>
> Ein Vater und sein Sohn haben einen schweren Autounfall. Der Vater verunglückt und der Sohn wird schwer verletzt. Ein Krankenwagen bringt den Sohn sofort ins Krankenhaus, direkt in die Unfallchirurgie. Dort aber schreit die diensthabende Person entsetzt: „Ich kann nicht operieren, der Junge ist mein Sohn!"
>
> Waren Sie auch kurz irritiert, wie das sein kann? Der Vater ist doch gestorben. Dann ergeht es Ihnen wie den meisten, weil Chirurgen in unserer (stereotypen) Vorstellung in der Regel Männer sind. Nach kurzem Nachdenken erkennen wir natürlich, dass das sehr gut möglich ist, weil es sich bei dem diensthabenden Arzt um eine Ärztin handelt, nämlich die Mutter des Jungen (vgl. Bohnet 2016, S. 39).

Wir erwarten es geradezu, dass uns *der* Pilot zum Urlaubsort fliegt, *der* Richter sein Urteil fällt, im Unternehmen *der* Geschäftsführer das Sagen hat und bei der Fußball-Nationalmannschaft *der* Bundestrainer den Ton angibt. Das Phänomen ist geschlechterunabhängig, das heißt, Frauen haben die Erwartung ebenso, auch wenn sie es nach außen teilweise anders kundtun mögen. Achten Sie im privaten Umfeld einmal darauf. Sogar emanzipierte Frauen wollen sich eine „Putzfrau" oder „Tagesmutter" suchen, keinen „Putzmann" oder „Tagesvater". In Bezug auf des „deutschen liebsten Kindes", dem Automobil, ist es auch noch bei vielen Autofahrern so, dass sie erwarten, dass *der* Mechaniker das Auto repariert. Wie gesagt, selbst bekennende Feministinnen haben teilweise Vorbehalte gegenüber ihren Geschlechtsgenossinnen.

Sollten Sie also stereotypische Vorurteile bei Kunden wahrnehmen, stehen Sie über den Dingen. Übergeben Sie gesichtswahrend unter einem banalen Vorwand den Auftrag an einen anderen Kollegen oder eine Kollegin. Als weibliche Service-Fachkraft brauchen Sie sich deswegen überhaupt nicht weniger akzeptiert oder gar diskriminiert zu fühlen. Sehen Sie es rein professionell und mit der klaren Gewissheit, dass sich die Geschlechterstereotype mit jeder Generation weiter auflösen werden. Im jüngeren Umfeld müssten Sie das eigentlich jetzt schon positiv spüren.

Literatur

Bohnet I, Schäfer U (2017) What works: Wie Verhaltensdesign die Gleichstellung revolutionieren kann. C.H. Beck, München
Herrmann D (2017) Die Weisheiten des Konfuzius. Neobooks, München
Roedig FGM (1988) Goldene Regeln des Verkaufs. Unipress, München

23

Metaebene: Über den Dingen stehen

Die Fähigkeit, über den Dingen stehen zu können, ist im Service viel häufiger gefragt, als man denkt. Den meisten Menschen fällt das jedoch nicht leicht. Der eigene Stolz spielt uns einen Streich, wir fühlen uns in der eigenen Würde verletzt, wenn wir – in der Regel zu Unrecht – vom Kunden angegriffen werden.

> **Sie Arschloch!**
> An der Wall-Street betritt ein Herr die Bank of America, geht zum Schalter und sagt: „Geben Sie mir sofort hunderttausend Dollar, Sie Arschloch!" Der Schalterbeamte ist empört, geht zu seinem Chef und sagt: „Da ist ein Herr, der sagte, geben Sie mir sofort hunderttausend Dollar, Sie Arschloch! Muss ich mir das gefallen lassen?" Der Chef fragt: „Ist es ein Kunde von uns?" „Ja", sagt der Schalterbeamte. „Wie viel hat er auf dem Konto?" Der Schalterbeamte: „Etwa zehn Millionen." „Dann gehen Sie sofort hinaus und geben ihm die hunderttausend Dollar, Sie Arschloch!"
> (Schwarz 2008, S. 44)

Jeder von uns ist schon einmal mehr oder weniger schroff von einem Kunden beleidigt worden. Es ist nur menschlich, wenn man sich gekränkt fühlt und sogleich zurückschlagen will. Wir müssen uns aber ebenso vor

Augen führen, dass es keine Servicekraft gibt, die jemals einen Streit mit einem Kunden gewonnen hat.

Professionell wäre deshalb, über den Dingen zu stehen, und sich nicht provozieren zu lassen. In der Psychologie nennt man das, auf die „Metaebene" wechseln. Das Wort „Meta" kommt aus dem Griechischen und bedeutet „über" bzw. „oberhalb". Das heißt, Sie betrachten die Situation also aus der „Vogelperspektive". Sie „zoomen" sich bildlich gesprochen aus dem Geschehen heraus, schauen hinunter und analysieren mit etwas Abstand: Was geschieht hier gerade? Wie setze ich die Kommunikation fort, um trotzdem mein Ziel zu erreichen? Dazu brauchen Sie ein starkes Selbstbewusstsein. Denn dann sind Sie nicht auf die Bestätigung eines jeden Menschen angewiesen. Natürlich tut es weh, wenn uns jemand beleidigt, erst recht, wenn er uns nahesteht oder wir ihn als Menschen schätzen. Und natürlich sollen Sie auch unsere Kunden wertschätzen, was in der Regel dazu führt, dass dieser das auch spürt und es gar nicht erst zu unschönen Beleidigungen kommt.

Sie sind also nicht der Stärkere, wenn Sie sich auf eine von vornherein verlorene argumentative Auseinandersetzung einlassen, sondern wenn es Ihnen gelingt, professionell zu bleiben und auf die Metaebene zu wechseln. Zugegeben, das ist manchmal nicht so einfach. Aber es gibt einen psychologischen Trick, der Ihrem Selbstschutz dient:

> Denken Sie in Momenten der Konfrontation durch den Kunden daran, dass es Ihr Job ist und Ihr Gegenüber Sie gerade dafür bezahlt, dass Sie ihm Gehör schenken!

Sie meinen, dass sei erniedrigend? Nein, das ist professionell! Sie müssen weder mit dem Kunden „Gut-Freund" sein, noch mit ihm abends ein Bier trinken gehen. Trotzdem können wir einen guten Service erbringen. Mithilfe der Fragetechnik haben Sie die Situation meistens schon sehr bald wieder im Griff, weil Sie den Kunden aus seiner Argumentationsschleife herausholen. Greifen Sie dazu sein Argument zunächst als vermeintliche Bestätigung auf und stellen Sie Alternativfragen, wie zum Beispiel: „Was könnten wir denn außer (Kundenargument) tun, damit Sie am Ende zufrieden sind?"

Im Übrigen geht selten alles schief. Lösen Sie sich aus negativen Argumentationsschleifen heraus und fokussieren Sie Ihre Gesprächsbeiträge insbesondere in schwierigen Situationen auf das Positive. Gehen Sie gedanklich eine Treppe hinauf und wechseln Sie so die Gesprächsebene, anstatt sich weiter im Konflikt zu vertiefen. Es verlangt lediglich etwas Selbstdisziplin, aber es funktioniert. Probieren Sie es aus!

In diesem Zusammenhang lautet eine gern zitierte Weisheit: „Wer viele Freunde hat, muss ein guter Mensch sein." Das gilt für uns im Service natürlich im übertragenden Sinne genauso, denn wer viele (nette) Kunden hat, muss ein guter Serviceberater sein!

Literatur

Schwarz G (2008) Führen mit Humor: Ein gruppendynamisches Erfolgskonzept. Gabler, Wiesbaden

24

Hingabe: Service aus Leidenschaft

Im Service haben wir das große Glück, dass wir es überwiegend mit Menschen zu tun zu haben. Das ist nicht selbstverständlich. In meiner Heimatstadt Wolfsburg steht die größte Automobilfabrik der Welt mit über 60.000 Beschäftigten, allein an diesem einen Standort. Die meisten davon haben über viele Stunden des Tages mit Maschinen und Material zu tun und sind – ausgenommen von Pausen – überwiegend auf sich allein gestellt.

Im Service ist es umgekehrt. Wir stehen die meiste Zeit in direktem Kontakt mit Kunden. Für die persönliche Motivation ist es wichtig, dass wir eine Leidenschaft für das entwickeln, was wir tun, ob an der Maschine oder am Menschen. Selbst wenn ein Servicejob manchmal nicht so hoch bezahlt sein sollte wie in der Industrie, so ist es dafür in der Regel sehr bereichernd, von Menschen umgeben zu sein und jeden Tag die vielfältigen Eigenarten, Geschichten und Nettigkeiten der (dankbaren) Kunden nach erbrachter Leistung unmittelbar zu erleben.

> **Die Bank Ihres Lebens**
>
> Stellen Sie sich einmal vor, Sie haben bei einer Ausschreibung folgenden Preis gewonnen: Jeden Morgen stellt die Bank Ihnen ein Konto mit 86.400 Euro zur Verfügung. Es gibt jedoch einige Regeln. Erstens: Alles, was Sie im Laufe dieses Tages nicht ausgegeben haben, wird Ihnen weggenommen. Sie können das Geld nicht einfach auf ein anderes Konto überweisen. Aber jeden Morgen erhalten Sie ein neues Bankkonto gefüllt mit 86.400 Euro für den kommenden Tag. Zweitens: Die Bank kann das Spiel ohne jede Vorwarnung beenden und zu jeder Zeit sagen: „Es ist vorbei, das Spiel ist aus!", das Konto einfach schließen und Sie bekommen kein neues Geld mehr.
> Was würden Sie tun, um jeden Cent zu nutzen? Man kann das Geld schließlich nicht horten. Überschüssiges Geld spenden? Gute, sinnvolle Dinge machen? Denken Sie bitte kurz darüber nach, bevor Sie weiterlesen …
> Nun, dieses Spiel ist Realität. Jeder von uns hat diese „magische Bank". Wir sehen sie nur oft nicht. Jeden Morgen bekommt jeder von uns 86.400 Sekunden Leben geschenkt. Wenn wir am Abend einschlafen, wird uns die übrige Zeit nicht gutgeschrieben. Alles, was wir nicht gelebt haben, ist verloren. Für immer. Jeden Morgen füllt sich glücklicherweise unser Konto wieder auf. Aber man bedenke, es kann ohne Vorwarnung von einem auf den anderen Tag vorbei sein …! (Vgl. Ben Said 2013, S. 109–110)

Sind Sie nachdenklich geworden? Erfreuen Sie sich daher jeden Tag, dass es Ihnen gut geht. Denn im Vergleich zu Milliarden anderer Menschen auf der Erde leben wir im Paradies. Erst recht, wenn Sie zudem bei guter Gesundheit sind. Mit dieser Freude sollten wir jeden Tag unseren Service verrichten. Ihre Kollegen und natürlich auch Ihre Kunden werden es Ihnen danken. Da Sie es in Ihrem Beruf zum Glück im Wesentlichen mit Menschen zu tun haben, werden Sie unmittelbar dafür belohnt. Es gilt das Reziprozitätsgesetz: „Was du ausstrahlst, ziehst du an!"

> Geben Sie daher jeden Tag Ihr Bestes, überzeugen Sie durch Leistung und gute Taten. Glück und Erfolg stellen sich dann von ganz alleine ein.

Das erkennen Sie schon an den Begriffen, weil Ihnen etwas *geglückt* bzw. etwas *erfolgt* ist. Doch dafür müssen Sie etwas tun, und das verlangt Hingabe und Leidenschaft. Einige meinen, ihren individuellen Nutzen dadurch maximieren zu können, indem sie nur das Nötigste tun. Das ist ein großer Trugschluss, denn sie verschenken den Gegenwert ihres Daseins. Nur wenn Sie Ihr Leben, und dazu zählt zu einem Großteil eben auch unser Beruf, mit voller Hingabe leben, werden Sie letztendlich glücklich und erfolgreich sein. Sie sollten aus diesem Grund auch keine kategorische Trennung zwischen Arbeit und Freizeit vornehmen, wie es von den „Work-Life Balance"-Verfechtern propagiert wird. Denn das Gegenteil von Arbeit ist nicht Freizeit, sondert „Privat". Der Begriff „Freizeit" bedeutet in semantischer Hinsicht, „frei verfügbare Zeit" zu haben. Durch neue Arbeitsformen, insbesondere auch in Serviceorganisationen, bekommen Sie immer mehr „Freizeit" im Sinne von „Freiheit" auch bei Ihrer Arbeit, fast so, als wenn Sie selbstständig sind. (Vgl. Hecker 2012) Sie können (und sollten) bei der Arbeit also das gleiche Glücksempfinden erleben, wie in Ihrer Freizeit. Die Glücksforscher haben herausgefunden, dass viele Menschen bei ihrer Arbeit sogar ein größeres Glücksempfinden verspüren als in ihrer Freizeit, insbesondere wenn Sie – wie typischerweise auch im Service – viele Erfolgserlebnisse haben und Dankbarkeit erfahren. Im Service erhalten Sie von den Kunden das „Feedback" in der Regel unmittelbar nach jedem Auftrag, nämlich wenn er seine Rechnung (gerne) bezahlt.

Warten Sie nicht auf irgendwelche „glücklichen Umstände" in der Zukunft. Ihr Leben findet *jetzt* statt, in diesem Augenblick, auch wenn Sie im Dienst sind. Machen Sie sich das immer wieder bewusst. Denn „die Bank" kann das Spiel jederzeit und ohne Vorankündigung beenden!

Literatur

Ben Said DA (2013) Das Wüstenseminar: Persönlichkeitstraining für alle (Lebens-)Manager. Geest, Vechta-Langförden

Hecker F (2012) Management-Philosophie: Strategien für die Unternehmensführung; Grundregeln für ein erfolgreiches Management. Gabler, Wiesbaden

25

NEIN: *N*och *E*in *I*mpuls *N*otwendig

Sagen Sie zu allem „Ja und Amen"? Ganz bestimmt nicht, und das ist auch gut so. Die meisten Menschen sind instinktiv erst einmal vorsichtig. Wir haben alle schon mal negative Erfahrungen gemacht, sind auf Scharlatane oder „gefakte" Angebote im Internet hereingefallen. Warum sollten dann Ihre Kunden „fahrlässiger" handeln und sofort auf Ihr Angebot einwilligen? Natürlich wünschten wir uns, dass die Kunden uns einfach vertrauen und unserer Beratung oder Empfehlung vorbehaltslos folgen. Aber da Kunden auch Menschen sind, sagen Sie häufig erst einmal „Nein".

Wir wollen dem Kunden grundsätzlich etwas Gutes tun, und daher wäre es kein guter Service, wenn wir uns ohne weitere Diskussion mit einem „Nein" einfach so zufrieden gäben. Im Sinne von Service-Exzellenz heißt „Nein" nämlich: Noch Ein Impuls Notwendig!

Der persönliche Schlagdurchschnitt

Es war der 10. Oktober 1951. *Joe Di Maggio*, einer der besten Baseballspieler aller Zeiten, stand bereit, um im letzten Durchgang zu schlagen. Es war das entscheidende Spiel, heute als Super-Bowl bekannt. Im ausverkauften Yankee-Stadion von New York hätte man das Fallen einer Stecknadel hören

> können, so angespannt war die Stimmung. Es stand Unentschieden gegen die Giants. Alles lag nun in den Händen von *Joe DiMaggio*. Der Werfer holt aus, Joe mit seinem Schläger ebenso, und ... daneben!
> Die Fans gingen auf dem Zahnfleisch. Die Reporter überschlugen sich, aber Joe lächelte. Es ging weiter, zweiter Wurf, und es war nicht zum Aushalten, Joe verpasste erneut. Das gab es doch nicht! Das Stadion war nun ein Hexenkessel. Niemanden hielt es mehr auf den Sitzen, die Nerven lagen blank, aber Joe – man traute seinen Augen nicht – lächelte immer mehr.
> Nun kam der dritte und letzte Versuch, und Sie ahnen es schon, es war eines der besten Schläge, die die Baseball-Welt je gesehen hatte. Joe legte einen seiner berühmten „Home Runs" hin. Die Yankees gewannen das Spiel und damit die Saison. Joe wurde als Held gefeiert und später beim Interview fragte ihn ein Reporter, wie er denn so cool bleiben konnte und sogar anfing zu lachen, als er die Bälle verschlug? Er selbst wäre vor Aufregung und Angst im Boden versunken. Joe antwortete: „Wissen Sie, ich habe einen Batting-Average (Schlagdurchschnitt) von 325, zuletzt sogar von über 400, das heißt, ich treffe praktisch jeden zweiten Wurf. Als ich den ersten verschlug, war die Wahrscheinlichkeit hoch, dass ich den Zweiten treffe. Darüber freute ich mich. Als ich aber auch diesen verschlug, wusste ich, jetzt werde ich auf jeden Fall treffen. Es ging gar nicht anders, das war mein Schnitt, und das seit über 17 Jahren."

Nehmen wir uns *Joe DiMaggio* – der übrigens kurzzeitig mit *Marilyn Monroe* verheiratet war – zum Vorbild. Lassen wir uns nicht entmutigen, wenn es beim ersten Anlauf nicht klappt. Und das kommt häufig vor, wenn Sie einen neuen Kunden gewinnen wollen, eigentlich sogar regelmäßig, wenn wir ehrlich zu uns sind. Das ist kein Grund aufzugeben. Wenn er gleich von der Konkurrenz zu Ihnen „überlaufen" würde, kann er schließlich nicht besonders treu sein.

Es sind also weitere Impulse notwendig. Was können das für Impulse sein? Offensichtlich hat die bisherige Argumentation bzw. unser werblich ausformuliertes Angebot den Kunden noch nicht überzeugt. Es sind demzufolge neue, schlüssigere Argumente erforderlich, welche die Vorteile aus der Sicht des Kunden besser unterstreichen. Wenn der Kunde „nein" sagt, nennt er Ihnen dafür einen „guten Grund". Es gibt jedoch immer „gute und wahre Gründe". Die Herausforderung ist es, die „wahren Gründe" für seine ablehnende Haltung zu erfahren.

> Stellen Sie vor allem immer wieder Fragen. So erfahren Sie die wahren Bedürfnisse des jeweiligen Kunden in seiner konkreten Situation, können zielgerichteter argumentieren und passende Beispiele anführen, um seinen Nerv zu treffen.

Schließlich gehört es auch zu unserer Daseinsberechtigung als Service-Dienstleister, Impulse zu setzen. Wenn Sie also nächstes Mal mit einem Nein konfrontiert werden, wissen Sie, jetzt ist „Noch Ein Impuls Notwendig", vielleicht auch zwei oder drei, weil eben jeder von uns seinen persönlichen „Schlagdurchschnitt" hat, der sich wie bei den großen Baseballspielern im Laufe der Zeit stetig verbessert. Aus diesem Grund ist es überhaupt nicht schlimm, wenn Sie am Anfang fünf oder zehn Versuche brauchen, obwohl der der Kollege schon bei zwei oder drei angelangt ist. Bereits der Baseler Mathematiker *Jakob Bernoulli* begründete die banale Gesetzmäßigkeit: „Je öfter wir etwas versuchen, desto mehr Treffer werden wir landen." (Klein 2004, S. 39)

Arbeiten Sie an Ihrer persönlichen (Erfolgs-)Quote, aber geben Sie um Himmels Willen niemals auf! Und wenn es einmal nicht geklappt hat, lächeln Sie innerlich, so wie *Joe DiMaggio*, denn beim nächsten Versuch treffen Sie ganz bestimmt.

Literatur

Klein S (2004) Alles Zufall: Die Kraft, die unser Leben bestimmt. Rowohlt, Reinbek bei Hamburg

26

Wissen: Lernen (aus Fehlern)

Leider ist uns das Wissen nicht angeboren. Ganz im Gegenteil hat die Halbwertzeit des Wissens im Vergleich zu früheren Zeiten durch die neuen Technologien sogar deutlich abgenommen. Das Wissen erneuert sich quasi alle 20 Jahre, in Fachbereichen wie der EDV sogar deutlich früher. Man stirbt im Prinzip zwei Mal im Leben, das erste Mal, wenn man aufhört zu lernen. Neben den rein fachlichen Inhalten sind es insbesondere die sozialen und methodischen Kompetenzen, die wir uns kontinuierlich aneignen müssen, um „up to date" zu bleiben. Im Gegensatz zu Tieren besitzen wir die praktisch unbegrenzte Möglichkeit, durch Lernen unsere Entwicklung ein Leben lang positiv zu beeinflussen.

Die Fohlengeburt

Wer jemals miterleben durfte, wie ein Fohlen geboren wird, wird das wohl nie wieder vergessen. Bei meinem Vater, der bis vor wenigen Jahren noch Hannoveraner Pferde züchtete, konnte ich das einige Male mitverfolgen: Kaum hat das Neugeborene sich von den Strapazen des Geburtsvorgangs ein wenig erholt, versucht es schon mit aller Kraft auf die Beine

> zu kommen. Nach einiger Zeit steht es dann – zwar noch sehr wackelig – auf allen Vieren, findet erstaunlich schnell die Zitzen der Stute und beginnt zu säugen. Das muss auch ziemlich schnell gehen, weil in dieser ersten sogenannten Biestmilch sehr wertvolle Stoffe und Abwehrkräfte enthalten sind, die das Fohlen unbedingt zum Überleben braucht. Schon am nächsten Tag springt das Fohlen neben seiner Mutter auf der Weide umher. Obwohl ihm niemand gezeigt hat, wie das alles geht, steht es von alleine auf, findet die Zitzen und läuft mit der Mutter (Feinden und Gefahren) davon. Pferde brauchen im Prinzip keine Geburtshelfer. Woran liegt das?
> Im Gehirn eines Fohlens befinden sich zwei Bereiche: zum einen der sensomotorische Kortex, das sind spezifische neuronale Verschaltungsmuster, die bereits vorgeburtlich herausgeformt worden sind und die für die Steuerung der jeweiligen Bewegungsmuster beim Aufstehen, beim Säugen oder beim Weglaufen sorgen. Sie sind also bereits da und aktivieren mit der Geburt den anderen Bereich, von dem aus das spezifische Verhalten gesteuert wird. Bei uns Menschen gibt es diese vorgeburtlich ausgereiften Verschaltungsmuster nicht. Menschliche Babys können schreien und strampeln, um auf ihre lebenswichtigen Bedürfnisse aufmerksam zu machen. Aber wenn ihnen niemand zeigt, wie es geht, sind sie außerstande, den aufrechten Gang, die jeweilige Sprache wie auch Lesen, Schreiben oder Rechnen von sich aus zu erlernen. Wir brauchen also andere Menschen, um zu dem werden zu können, was uns als Menschen ausmacht.
> (Vgl. Hüther und Hauser 2018, S. 107–109)

Und selbst als Ausbilder haben wir nie ausgelernt, denn: „Sobald jemand in einer Sache Meister geworden ist, sollte er in einer neuen Sache Schüler werden!" (Hauptmann 2018, S. 101) Auch im Service gilt der Grundsatz: Wer aufhört zu lernen, hört auf, besser zu sein! Kein Kunde möchte einfach nur inhaltslos „zugetextet" werden. Ganz im Gegenteil ist durch die Informationstransparenz im Internet der Kunde in der Regel gut vorinformiert und begehrt aus diesem Grund einen Mehrwert an Beratung, Informationen oder Hilfestellungen.

Lernen erfolgt im Service sehr ausgeprägt in der Praxis durch das Sammeln von Erfahrungen und natürlich auch aus Fehlern.

> **Der Medikamententest**
>
> Medizinstudenten bekamen Informationen über 64 Patienten, die einen Herzanfall hatten. Sie sollten sich vorstellen, dass sie in der Notaufnahme wären. Mithilfe von zwei verschiedenen Medikamenten sollten sie innerhalb von zehn Sekunden entscheiden, welches Medikament bei welchem Patient am besten wirke. Nach jeder (fiktiven) Verabreichung bekamen sie Feedback, ob es gewirkt hatte oder nicht. Ungefähr ein Viertel der Studenten fand auf Anhieb heraus, dass das eine Medikament bei Patienten mit Diabetes anzuwenden war. Die übrigen Studenten kamen durch die jeweiligen Rückmeldungen früher oder später ebenfalls auf den Wirkungszusammenhang mit der Diabeteserkrankung.
>
> Bei diesem Experiment kam es jedoch nicht auf das Wissen um die Wirkungsweise von Wirkstoffen in Medikamenten an, sondern was sich während der extrem kurzen Entscheidungssituation im Gehirn abspielte. So zeigte sich auf den MRT-Aufnahmen, dass die Frontallappen derjenigen Studenten besonders aktiv waren, bei denen die Behandlung mit der Medikamentenverabreichung nicht wirkte. Das Forscherteam schloss daraus, dass das Gehirn besonders aktiv ist, wenn wir Fehler gemacht haben, und sie bewiesen in der Folge, dass der Lerneffekt ausgeprägter ist, wenn wir zuvor falsch gelegen haben.
> (Bohnet 2016, S. 144–145)

Die Quintessenz aus dem Versuch: Lernen wir aus unseren Fehlern! Anstatt sich über Fehler (lange) zu ärgern, sollten wir uns innerlich eher freuen, dass der Lerneffekt daraus nachhaltiger ist, als wenn uns der Fehler nicht unterlaufen wäre. Da bekanntlich niemand perfekt ist, gehört eine gewisse Fehlerhäufigkeit in unserem Tun dazu. Es ist reine Mathematik, dass derjenige, der viel arbeitet, mehr Fehler macht.

Einigermaßen ungerecht könnte man darüber hinaus den Umstand werten, dass Menschen, die gelassener an eine Aufgabe herangehen, wiederum weniger Fehler begehen als Akteure, die in Stresssituationen durch ihre Aufregung mit Adrenalin oder anderen Hormonen blockiert werden. Behalten Sie also auch an hektischen Tagen, wenn – wie in den Saisonspitzen – viel zu tun ist, einen kühlen Kopf und trainieren Sie sich die innere Ruhe regelrecht an. Wie bei fast allen psychologischen

Sachverhalten ist die Bewusstseinsmachung der erste und entscheidende Schritt, sich selbst auf die Schliche zu kommen. Wie heißt es so schön: „Nur wer einen Fehler zwei Mal macht, ist dumm!" In allen anderen Fällen sind Sie gerade am Lernen.

Im digitalen Zeitalter müssen wir zudem aufpassen, dass wir unsere Gehirnkapazität nicht an das Smartphone abtreten (das sind die Geräte, mit denen man „auch" telefonieren kann). Bei all den komfortablen Annehmlichkeiten der Technik ist es wichtig, dass Sie geistig selbst aktiv bleiben. Denn sollte jemand mal den Stecker ziehen, soll in unserem Gehirn schließlich nicht gleich „das Licht ausgehen".

Literatur

Bohnet I, Schäfer U (2017) What works: Wie Verhaltensdesign die Gleichstellung revolutionieren kann. C.H. Beck, München

Hauptmann G, zit. nach Springer Fachmedien (Hrsg) (2018) Zitate für Manager. Springer Gabler, Wiesbaden

Hüther G, Hauser U (2018) Würde: Was uns stark macht – als Einzelne und als Gesellschaft. Knaus, München

27

Erwartungen: Vorfreude ist die schönste Freude

Manchmal können wir es gar nicht mehr aushalten, so groß ist die Freude auf ein bestimmtes Ereignis. Wir lieben die Vorfreude, denn Vorfreude multipliziert positive Gefühle. Das Ereignis gewinnt dadurch noch an Bedeutung.

> **Das große Date**
>
> Träume werden wahr! Stellen Sie sich einmal vor, Sie dürften einen Tag intensiv mit Ihrem Lieblingsstar verbringen. Er oder sie wird Ihre volle Leidenschaft erwidern, das ist garantiert! Sie brauchen also keine Angst davor zu haben, einen Korb zu erhalten. Sie dürfen sogar aussuchen, wann dieses besondere Ereignis stattfinden soll: sofort, in 24 Stunden, in drei Tagen, in einem halben Jahr oder in zehn Jahren. Für welche Option würden Sie sich entscheiden?
>
> Die meisten Personen, die die Neurowissenschaftlerin *Tali Sharot* dazu befragte, wählten nicht die sofortige Erfüllung. Das wäre „zu überraschend", „zu plötzlich", so die Begründung und außerdem viel zu schnell vorbei. Unsere neue Praktikantin würde dagegen ihren Star nach norddeutscher Mentalität sofort „daten": „Was ich hab, das hab ich, und das

> kann mir keiner mehr nehmen!" Die überwiegende Mehrheit von *Tali Sharots* Befragten denkt aber nicht so. Ebenso wenig wählten sie die Zehn-Jahres-Option, denn „das ist ja noch ewig hin!" Der absolute Favorit ist die Drei-Tages-Option. Sie verspricht nämlich eine gesunde Portion Vorfreude, die man gut aushalten und das Ereignis sodann umso mehr genießen kann. Drei Tage sind absehbar und stimmen mit Tagträumen, Nervenkitzel und sonstigen Fantasien freudig auf das große Ereignis ein.
> (In Anlehnung an Weidner 2017, S. 36)

Insbesondere Anbieter von Luxusprodukten kalkulieren dies gezielt ein. Ihre (handgefertigte) Schweizer Uhr oder einen italienischen Flitzer bekommen Sie vom Händler normalerweise nicht sofort ausgehändigt. Sie werden mit Anschreiben und Einladungen gezielt auf den großen Tag eingestimmt.

Vorfreude hebt die Stimmung. Berufstätige lieben daher auch den Freitag mehr als den Samstag, in jeden Fall mehr als den Sonntag. Obwohl man am Freitag und teilweise am Samstag noch „schuften" muss, und obwohl der Sonntag in der Regel arbeitsfrei ist, hat der Sonntag keine Vorfreude mehr. Der Freitag verspricht dagegen ein spannendes Wochenende mit den geplanten Verabredungen, Partys, Stadionbesuchen usw.

> Beim Einkaufen an einem Freitag oder Samstag verhalten sich die meisten Menschen daher auch gelassener, sind ausgabefreudiger und weniger kritisch oder abweisend gegenüber Angeboten. Vereinbaren Sie daher wichtige Vertragsabschlüsse, Bemusterungen, Probefahrten und dergleichen möglichst an einem Freitag!

Durch die Vorfreude malen wir uns innerlich eine positive Zukunft aus, bevor sie überhaupt begonnen hat. Wir sind in der Lage, an das Gute zu denken und es zu genießen, noch bevor es Realität geworden ist. Dieses Gefühl hat jeder von uns schon einmal bewusst erlebt. Sollten Sie zu den Glücklichen gehören, die recht häufig das Gefühl der Vorfreude empfinden, können Sie sich durchaus als Optimisten bezeichnen. Denn wer Gutes denken kann und sich auf die Zukunft freut, kann und wird auch Gutes tun, was wir im Club der Optimisten immer wieder beobachten und im Rahmen einer Optimismus-Studie in Zusammenarbeit mit dem Rheingold-Institut auch festgestellt haben (vgl. Weidner 2017). Machen Sie sich einen gesunden Optimismus daher zu einer Ihrer persönlichen Tugenden. Dadurch sind Sie in der Lage, auch Ihre Kunden zu begeistern. Denn nur „wer selber brennt, kann andere entzünden!"

Beglücken Sie Ihre Kunden hin und wieder. Gestalten Sie beispielsweise eine Art „virtuellen Adventskalender". Wir Menschen mögen es, auf ein freudiges Ereignis positiv eingestimmt zu werden, nicht nur zur Weihnachtszeit.

Übrigens, überraschen Sie auch privat Ihren Partner nicht zu kurzfristig mit der gebuchten Urlaubsreise oder dem Wochenendausflug. Gönnen Sie ihm oder ihr die Vorfreude. Sie werden es Ihnen – wie in *Tali Sharots* Experiment – mit gut gelaunten Tagen zuvor danken, wodurch Sie den Wert des freudigen Ereignisses insgesamt noch erhöhen!

Literatur

Weidner J (2017) Optimismus: Warum manche weiter kommen als andere. Campus, Frankfurt

Teil IV

Persönlichkeit

So, wie Ihre emotionalen Beweggründe Ihre Motivation bilden, wird aus der Summe Ihrer motivationalen Antriebe Ihre Persönlichkeit geformt. Die Persönlichkeit kann demzufolge als das Abbild der gefestigten Einstellungen, Motive und Charaktereigenschaften definiert werden.

Sie können „alle Regeln der Kunst beherrschen", um jedoch einen herausragenden Service zu erbringen, genügt es nicht, nur die Techniken der Kommunikation, Dialektik und Rhetorik zu erlernen. Im Sinne von Service-Exzellenz benötigen wir darüber hinaus eine besondere persönliche Ausstrahlung und menschliche Charaktereigenschaften wie Empathie, Humor, Dankbarkeit, Vertrauen und vor allem eine positive, optimistische Grundeinstellung.

Zahlreiche verhaltenswissenschaftliche Experimente haben gezeigt, dass sich unsere persönlichen Eigenschaften auf andere Menschen übertragen. Dies erklärt den Unterschied, weshalb einige Servicekräfte wesentlich erfolgreicher sind als andere Kollegen, die ansonsten mit denselben Instrumenten und unter sonst gleichen Rahmenbedingungen ihren Dienst ausüben.

Das Vorhaben, seine Persönlichkeit positiv zu verändern, gleicht teilweise einem psychologischen Selbststudium. Zu diesem Zweck soll wiederum anhand ausgewählter wissenschaftlicher Experimente in den nachfolgenden Kapiteln der Anstoß für die eigene Verhaltensbeeinflussung gegeben werden. Denn das Wissen und die Erkenntnis über die psychologischen Gesetzmäßigkeiten „wie unser Gehirn tickt", ist meist der erste wesentliche Schritt, um an sich bzw. seiner eigenen Entwicklung arbeiten und Fortschritte machen zu können.

28

Menschlichkeit: Ich bin o. k. – Du bist o. k.!

Die persönlichen Eigenschaften der Akteure im Service sind in hohem Maße ausschlaggebend für den erfolgreichen Kundenkontakt. Ein wesentlicher Grund dafür ist, dass unsere Gehirne so vorprogrammiert sind, dass sie auf emotionsauslösende Reize ähnlich reagieren. Nach den Experimenten der Neurowissenschaftler kommt es bei sozialen Interaktionen regelrecht zu einer Synchronisation von Gehirnaktivitäten. Offenbar ist uns die Fähigkeit angeboren, Freude, Schmerz und Stress anderer Personen in unserem Umfeld mitzufühlen. Beeindruckend ist in diesem Zusammenhang die Studie, die *Wendy Mendes* und ihr Team in San Francisco durchführten.

> **Die gestresste Mutter**
>
> Mendes bat 69 Mütter mit ihren Kindern zu sich ins Labor. Alle waren fröhlich und entspannt. Dies wurde mithilfe von Sensoren über die Reaktionen des Herz-Kreislauf-Systems überwacht. Die Kinder wurden von ihren Müttern getrennt und begaben sich in ein Spielzimmer. Die Mütter bekamen den Auftrag, einen kurzen Vortrag über ihre Stärken und Schwächen zu halten. Doch während der eine Teil der Mütter vor übellaunigen Juroren referieren musste, die andauernd irgendetwas heimlich brummelten, unablässig mit dem Kopf

> schüttelten und schlecht gelaunt abfällige Kommentare machten, sprachen die anderen Mütter vor einer Reihe gut gelaunter Zuhörer, die bestätigend nickten und wohlwollend lächelten. Die Sensoren meldeten bei der gestressten Gruppe eine deutlich höhere Herzfrequenz und starkes Schwitzen, während die anderen Mütter entspannt geblieben sind.
> Anschließend wurden die Mütter mit ihren Kindern wieder vereint. Und jetzt kommt's: Obwohl die Kinder nicht gesehen hatten, wie ihre Mütter vortrugen und behandelt wurden, übertrugen sich die physiologischen Reaktionen der Mütter auf die Kinder, als wenn die Kinder selbst den Vortrag gehalten hätten. Der Emotionstransfer ging noch weiter, die Kinder der gestressten Mütter wollten nicht weiterspielen und mieden in der Folge jeden Augenkontakt zu den Personen im Labor. Sie nahmen den Stress ihrer Mütter als Gefahr wahr.
> (Sharot 2019, S. 67–69)

Sie erkennen, wie wichtig es ist, dass wir mit dem Kunden im wahrsten Sinne des Wortes auf eine Wellenlänge gelangen. Sehr hilfreich sind dazu die Grundsätze aus dem Persönlichkeitsmodell der Transaktionalen Analyse, die von *Thomas Harris* und *Eric Berne* begründet wurde (Berne 2001). Denn guter Service findet auf Augenhöhe statt. Insofern ist die häufig formulierte Metapher, dass der Kunde König ist, ein Trugschluss. Wir haben es im Service weder mit Königen zu tun noch sind wir Leibeigene von jemanden. Kunden sind Menschen aus Fleisch und Blut, so wie wir auch. Dass wir trotzdem vom „König Kunde" sprechen, dokumentiert einen gewissen Respekt, den wir ihm als unserem Auftraggeber oder besser gesagt, als unserem wahren Arbeitgeber entgegen bringen. Als guter Service-Dienstleister müssen wir dienen und leisten, da gibt es keinen doppelten Boden. Und jeder von uns weiß, wie angenehm es ist, wenn man selbst (gut) bedient wurde.

Gehen wir dem „Hoheitsdenken" trotzdem einmal auf den Grund. Nach dem Persönlichkeitsmodell der Transaktionalen Analyse steckt in jedem von uns ein Eltern-Ich, das dominant oder fürsorglich sein kann, ein Kindheits-Ich, das sich natürlich-spontan oder unterwürfig verhält, sowie ein vernunftorientiertes Erwachsenen-Ich. Je nach Situation und Person, mit der wir es bei der Kommunikation zu tun haben, schlüpfen wir in eine der Rollen und verhalten uns dementsprechend: beim Eltern-Ich kritisch-belehrend, aber auch lobend oder tröstend; beim Kindheits-Ich eher angepasst, gehorsam und beim Erwachsenen-Ich objektiv, logisch und vorurteilsfrei. Jeder Rolle liegt ein stereotypes Transaktionsmuster zu Grunde, mit der wir dem anderen Menschen gegenübertreten. Diese Transaktionsmuster äußern sich in den folgenden vier Grundeinstellungen mit den korrespondierenden Charaktereigenschaften in Klammern (Harris 2016):

1. Ich bin nicht o. k. – Du bist o. k.
   (Abhängigkeit, Minderwertigkeitsgefühle, Angst)
2. Ich bin nicht o. k. – Du bist nicht o. k.
   (Verzweiflung, Resignation, bis hin zu Depressionen)
3. Ich bin o. k. – Du bist nicht o. k.
   (Überheblichkeit, auch kriminelle Energie)
4. Ich bin o. k. – Du bist o. k.
   (Ausgeglichenheit, mit sich und anderen im Reinen)

Behandeln wir den Kunden von oben herab, was nicht selten geschieht, wenn wir ihn belehren, mit ihm streiten oder ihm unseren Willen aufzwingen wollen, verhalten wir uns „diktatorisch" und agieren aus dem Eltern-Ich. Sagen wir zu allem „Ja und Amen", befinden wir uns im Kindheits-Ich. Dabei verschenken wir unsere Ressourcen, zahlen beispielsweise bei kleinsten Reklamationen ungefragt Geld wieder aus und begeben uns in eine gewisse Abhängigkeit.

> Für eine auf Dauer währende Kundenbeziehung ist langfristig nur eine positive Grundeinstellung aus dem Erwachsenen-Ich heraus praktizierbar.

Denn nur aus dieser vorurteilsfreien Position im Erwachsenen-Ich behandeln wir die Kunden auch menschlich, strahlen eine lebensbejahende Freundlichkeit aus und agieren konstruktiv und lösungsorientiert.

In diesem Sinne ist der Kunde sehr wohl König, aber Sie sind es auch. Der Service-Profi *Ritz-Carlton Hotels* hat dies sogar in seinem Credo

niedergeschrieben: „We are ladies and gentlemen, serving ladies and gentlemen!" Wir bedienen den Kunden also im Erwachsenen-Ich auf Augenhöhe fachlich-kompetent und gleichermaßen freundlich-verbindlich. Denn ob beruflich oder privat, für ein erfolgreiches und glückliches Leben sind wir immer auch auf andere angewiesen. Daher beherzigen Sie im Umgang mit Menschen stets die Grundeinstellung „Ich bin o. k. – Du bist o. k."!
Im Übrigen ist dies stets ein guter Vorsatz zum Jahreswechsel.

Literatur

Berne E (2001) Die Transaktionsanalyse in der Psychotherapie: Eine systematische Individual- und Sozial-Psychiatrie. Junfermann, Paderborn
Harris TA (2016) Ich bin ok, Du bist ok: Wie wir uns selbst besser verstehen und unsere Einstellung zu anderen verändern können; eine Einführung in die Transaktionsanalyse. Rowohlt, Reinbek bei Hamburg
Sharot T (2019) Die Meinung der anderen: Wie sie unser Denken und Handeln bestimmt – und wie wir sie beeinflussen. Pantheon, München

29

Empathie: Schweigt das Herz, ist alles reden umsonst

Empathie kann als die Fähigkeit und Bereitschaft definiert werden, Empfindungen, Emotionen, Gedanken, Motive und Persönlichkeitsmerkmale einer anderen Person zu erkennen, zu verstehen und nachzuempfinden (Bak 2016). Empathie beinhaltet somit eine gewisse positive Voreingenommenheit gegenüber Menschen. Wir strecken unsere Fühler in Richtung Kunde aus und schalten auf Empfang, anstatt auf Abwehr.

> **Luxusprobleme**
>
> Neulich las ich in der Zeitung folgende Auseinandersetzung eines abkehrwilligen Mobilfunkkunden mit seiner Telefongesellschaft. Er hatte seinen Handyvertrag gekündigt, weil der Empfang bzw. die Netzabdeckung so schlecht war. „Es gibt doch mittlerweile wirklich tolle neue Angebote", versuchte ihn der Call-Center-Agent zu reaktivieren und hörte gar nicht mehr auf zu reden. „Was nützt mir das, wenn ich nicht mal eine WhatsApp-Nachricht vom Weihnachtsmarkt versenden kann?", beklagte der abtrünnige Kunde erneut die mangelnde Netzqualität. „Das liegt an den vielen Menschen!", entgegnete der Mitarbeiter etwas frechschnäuzig. „Zuletzt hatte ich im Stadion sogar die SIM-Karte testweise ausgetauscht mit dem Ergebnis, dass mit meiner neuen Karte – trotz Menschenmassen – Videoaufzeichnungen innerhalb weniger

> Sekunden mein Handy verließen." Nicht mehr ganz so gut gelaunt erwiderte der Mitarbeiter von der Service-Hotline auf der anderen Seite: „Das sind doch nun wirklich Luxusprobleme!" Das war dem Kunden dann doch zu doof und das Gespräch war danach auch beendet.
> (Zimmermann 2018)

Gegen Fakten oder Erlebnisse des Kunden anzureden oder sie gar infrage zu stellen, ist bloße Zeitverschwendung und führt nicht selten zu einem Streitgespräch. Und glauben Sie mir, noch nie hat ein Servicemitarbeiter einen Streit mit einem Kunden gewonnen. Ganz im Gegenteil fühlt der Kunde sich durch die (strittigen) Argumente herausgefordert und würde am liebsten gleich zu(rück)schlagen.

Es geht aber auch anders. Erkennen Sie den Standpunkt des Kunden an: „In Ihrer Situation ist das sehr gut nachvollziehbar!" Oder: „Unter diesen Umständen würde ich wahrscheinlich genauso empfinden." Denn in der Regel kommt es gar nicht auf Recht oder Unrecht an, sondern auf *Empathie*, also die Fähigkeit, sich in sein Gegenüber hineinversetzen zu können, ihn zu verstehen, sein Leid mitzufühlen und emotionalen Beistand zu leisten. Alle Menschen wollen sich verstanden fühlen!

Mit Empathie bekommen Sie den Zugang zum Kunden, selbst wenn Sie in der Sache anders denken sollten.

> Empathie setzt emotionale Intelligenz voraus, das heißt, Sie müssen die Kraft entwickeln, „über den Dingen" stehen zu können und auf persönlichen Triumph zu Gunsten Ihres Gegenübers verzichten.

Lassen Sie sich vor allem nicht provozieren, schütteln Sie sich lieber einmal kräftig. Es wird sich in der Folge für Sie auszahlen, ganz bestimmt. Denn als professionelle Service-Fachkraft wissen Sie, dass Ihr persönliches Glück am Ende nicht von der Durchsetzung Ihrer Meinung, sondern von dem Auftrag des Kunden abhängt. Wenn Sie mit sich selbst im Reinen sind, wird Ihnen Empathie nicht schwerfallen. Sie können Empathie auch trainieren, indem Sie sich über die eigenen Emotionen bewusst werden, und zwar in dem Moment, wenn die unliebsamen

Gefühle auftreten. Sobald Sie Ihre fachliche Kompetenz mit emotionaler Intelligenz paaren, entwickeln Sie von ganz allein Empathie, die der Kunde spürt und wodurch er sich in Ihrer Obhut wohlfühlt.

Literatur

Bak PM (2016) Zu Gast in Deiner Wirklichkeit: Empathie als Schlüssel gelungener Kommunikation. Springer Spektrum, Berlin/Heidelberg

Zimmermann M (2018) Das sind doch Luxusprobleme. WeltN24, 07.01.2018. https://www.welt.de/172236353. Zugegriffen am 15.04.2019

30

Vertrauen: Die größte Ehre, die wir dem Kunden antun können

Es gibt etwas, das alle Menschen, alle Beziehungen, ob in Familien oder Unternehmen auf der ganzen Welt gemeinsam haben. Wenn man es zerstört, wird dies die mächtigste Regierung, das erfolgreichste Unternehmen, die einflussreichste Führung, die größte Freundschaft oder auch die innigste Kundenbeziehung zu Fall bringen. Sehr richtig, es ist das Vertrauen.

Viele Menschen haben Angst, dass sie ausgenutzt und übervorteilt werden, wenn sie ehrlich sind. Dabei sind wir alle an der Wahrheit interessiert. Unsere Kommunikation würde zusammenbrechen, wenn wir uns alle anlügen würden. Im Service ist Ehrlichkeit sogar ein Ausdruck von Stärke. Selbst wenn Sie sich dadurch vermeintlich angreifbar machen sollten, so gehen Sie in Vorleistung und signalisieren dem Kunden: „Mir kannst du vertrauen!"

Vertrauen ist die wertvollste Ressource, die wir im Service haben. Vertrauen bestimmt die Qualität eines jeden Augenblicks im Kundenkontakt. Auch wenn die „Kontrollfetischisten" es nicht wahrhaben wollen, bietet eine vertrauensvolle Beziehung die Möglichkeit, viel schneller zu agieren, zu kommunizieren und Geschäfte abzuschließen. Deshalb schwören und schätzen auch heute noch so viele auf den „Ehrbaren Kaufmann".

> **Eine Tüte Süßigkeiten**
>
> Die Universität zu Köln hat Verkäufer in 82 Kiosken, bei denen man sich Süßwaren in Tüten zusammenstellen kann, auf ihre Ehrlichkeit geprüft. Es wurde jeweils eine Tüte mit etwa 150 Gramm gekauft. Der Käufer füllte seine eigene Tüte und gab sie an der Kasse zum Wiegen ab. In manchen Kiosken konnte nur der Verkäufer die Waage sehen, in anderen konnte auch der Käufer das tatsächliche Gewicht der Tüte nachvollziehen.
> Die Wissenschaftler kamen zu dem Ergebnis, dass die meisten Verkäufer sich ehrlich und sogar großzügig verhielten, nur ein kleiner Teil von etwa zehn Prozent berechnete einen zu hohen Preis. Bei einem zweiten (Kontroll-)Experiment wurden nur die Kioske mit verdeckten Waagen untersucht. Wiederum waren nur etwas mehr als zehn Prozent der Verkäufer unehrlich bei ihren Messungen.
> Die Wissenschaftler schlussfolgern daraus, dass Menschen sich konsistent ehrlich oder konsistent unehrlich verhalten. Darüber hinaus konnte festgehalten werden, dass Transparenz zu Ehrlichkeit führt, weil bei allen Kiosken mit einsehbarer Waage, so gut wie nie ein zu hoher Preis berechnet wurde.
> (Schneider 2016)

Eines hat sich glücklicherweise wieder bestätigt: Die meisten Menschen sind gut und ehrlich. Persönlich hätte ich sogar den Anteil auf über 90 Prozent geschätzt. Ein gesellschaftliches Miteinander wäre ansonsten auch kaum möglich. Denken Sie beim Thema Service beispielsweise an die vielen Verkaufsstände von Obst und Gemüse, welche die Bauern nur mit einer Geldkassette an der Straße aufstellen. Sicherlich dürfte die Geldkassette nicht offen sein, aber die kriminelle Energie, sie aufzubrechen, bringen im ländlichen Bereich offenbar nur wenige Passanten auf.

Wer im Service nicht ehrlich ist, dem wird vom Kunden die Glaubwürdigkeit und damit einhergehend seine Überzeugungsfähigkeit und Authentizität auf der Stelle entzogen. Man kann dem Kunden heutzutage sowieso kaum etwas verheimlichen. Das Internet sorgt für Transparenz, und das gilt nicht nur für die Preisgestaltung. Wir sollten uns davor hüten, Kunden „über den Tisch ziehen" zu wollen. Der Erfolg, wenn man denn überhaupt davon sprechen mag, weilt nur von kurzer Dauer. Denn die negativen Folgeerscheinungen wie Kunden- und Reputationsverlust, kritische Online-Bewertungen oder der Imageschaden durch eine schlechte Mund-zu-Mund-Propaganda sind in der Regel deutlich gravierender.

Interessant ist die Konsistenz, also dass wir berechenbar ehrlich oder berechenbar unehrlich sind. Wie viel einfacher wäre der Geschäfts- und Serviceablauf, wenn alle Menschen ehrlich wären?! Mithilfe zukünftiger (intelligenter) Informationstechnologie wird es sicherlich möglich sein, unehrliche Kunden und Kollegen schneller identifizieren zu können. Unehrlichkeit wird sich dann sehr schnell rächen oder mit den Worten des Kollegen *Weidner*: „Man bringt ein unerledigtes negatives Geschäft aus der Vergangenheit zum Abschluss!" (Weidner 2017, S. 186)

Ehrensache

Natürlich bzw. leider gibt es Menschen (auch Kunden), die unser Vertrauen zu ihrem eigenen Vorteil ausnutzen wollen, wodurch Kontrollmaßnahmen in einem gewissen Umfang unvermeidlich sind. Forscher haben allerdings herausgefunden, dass man die Aufrichtigkeit bei Menschen deutlich erhöhen kann, wenn sie sich dazu im Vorfeld bekennen müssen. So wurden bei einem Experiment jeweils zwei Gruppen mit der Lösung von Rechenaufgaben beschäftigt. Für jede korrekte Antwort erhielten die Probanden bis zu fünf Dollar. Gruppe 1 gab jeweils ihre Lösung zur Auswertung an den Versuchsleiter ab, Gruppe 2 sollte ihre Ergebnisse selber auswerten und dem Leiter nur die Anzahl der von ihnen korrekt gelösten Aufgaben mitteilen. Der Gruppenvergleich ergab, dass Gruppe 2 stets im Schnitt fast doppelt so viele Aufgaben richtig gelöst hatte. Da die Probanden jedoch zufällig zugeordnet wurden, hätte es kein Unterschied geben dürfen. In der Folge wandelten die Forscher das Experiment insoweit ab, dass die Teilnehmer einen Ehrenkodex des Instituts der Universität unterschreiben mussten mit der Folge, dass im Gegensatz zu der Gruppe ohne Ehrenkodex die Anzahl der gelösten Aufgaben nahezu die gleichen waren wie bei Gruppe 1, wo die Auswertung vom Versuchsleiter erfolgte. (Heldmann 2016)

(Verpflichtende) Hinweise auf Ehrlichkeit, Anstand und Integrität bewirken bei den meisten Menschen, dass sie ihr Wort halten!

Es gibt zudem verschiedene vertrauensbildende Maßnahmen, mit denen Sie Ihrem Kunden ein gutes Gefühl geben und ihn ermutigen können, Ihnen zu vertrauen. Dazu gehören zum einen *Garantien* und zum anderen *Transparenz*. Besprechen Sie den Auftrag mit dem Kunden, sodass er voll im Bilde ist, lassen Sie ihn bei der Ausführung zuschauen, sofern dies möglich ist, senden Sie ihm Bilder oder kleine Videos über notwendige Zusatzarbeiten, halten Sie ihn vor allem informiert. Sie werden merken, dass der Kunde Ihnen deutlich mehr vertraut und Zusatz- sowie Folgeaufträge viel einfacher zustande kommen.

Literatur

Heldmann C (2016) Unternehmenskultur. Werte schaffen Vertrauen. In: iw-Kurzberichte (16), S. 1–2

Schneider R (2016) Vertrauen. Gelegenheit macht nicht immer Diebe. In: iw-Kurzberichte, Bd. 11

Weidner J (2017) Optimismus: Warum manche weiter kommen als andere. Campus, Frankfurt

# 31

Dankbarkeit: Wie man sich und andere glücklich macht

Dankbarkeit ist im Servicekontakt ein hohes Gut geworden, weil sie nicht mehr selbstverständlich ist. Dabei gibt es bei jedem Kunden mehrfache Anlässe, sich zu bedanken. „Vielen Dank, dass Sie uns wieder aufgesucht haben!" „Vielen Dank für Ihren Auftrag!" „Vielen Dank für Ihr Vertrauen!" „Vielen Dank für Ihre Geduld, für Ihr Verständnis, für den Rechnungsausgleich, für Ihre Weiterempfehlung usw." Für einige mag das aufgesetzt klingen, dabei gehört es zum guten Ton eines professionellen Service!

> **Das Reiskorn auf dem Schachbrett**
>
> Noch heute erzählt man sich die Geschichte über den König *Shihram* aus dem alten Persien, der seinem klugen Höfling *Sessa* aus Dankbarkeit für die Erfindung des Schachspiels jeden Wunsch erfüllen wollte, hatte er ihm doch von der ewigen Langeweile bei Hofe eine anspruchsvolle Abwechslung beschert. „Sage mir, wie ich dich zum Dank für dieses wunderschöne Geschenk belohnen kann!" Nachdenklich sagte der Höfling nach einer Weile: „Nichts weiter will ich, edler Gebieter, als dass Ihr das Schachbrett mit Reis auffüllen möget. Legt ein Reiskorn auf das erste Feld, und dann auf jedes weitere Feld stets die doppelte Anzahl an Körnern. Also zwei Reiskörner auf das zweite Feld, vier Reiskörner auf das dritte, acht auf das vierte und so fort." Der König war erstaunt. „Es ehrt dich, dass du einen so bescheidenen Wunsch äußerst. Er möge dir auf der Stelle erfüllt werden!" Sofort traten Diener mit einem Sack Reis herbei und schickten sich an, die Felder auf dem Schachbrett nach den Wünschen des Höflings zu füllen. Bald stellten sie fest, dass ein Sack Reis gar nicht ausreichen würde und ließen noch mehr Säcke aus dem Speicher holen. Doch schon nach dem 20. Feld waren es über eine Million Körner, und beim 30. Feld stellten die Diener fest, dass es im ganzen Reich nicht genügend Reiskörner gab, um es aufzufüllen. So wurde der Höfling zum reichsten Mann im ganzen Land!

Dankbarkeit muss nicht immer in barer Münze (oder durch „Reiskörner") aufgerechnet werden. Aufrichtige Dankbarkeit kann dadurch sogar manchmal beschädigt werden, hat es doch den Anschein, als wenn man sich „freikaufen" wolle.

Die Glücksforschung ist sogar zu der Erkenntnis gekommen, dass dankbare Menschen zufriedener, und damit glücklicher sind als Personen, die sorgfältig alles Negative in ihrem Leben registrieren oder aufgrund von Neidempfinden ihre eigene Anleitung zum Unglücklichsein erstellen. Neidgefühle sind zwar menschlich, im Service aber absolut fehl am Platz. Wenn wir dem Kunden etwas nicht gönnen, verhalten wir uns ihm gegenüber destruktiv, teilweise auch nur unbewusst. Über unsere Ausdrucksweise spürt der Kunde unsere Missgunst und wendet sich früher oder später von uns ab.

Dabei haben wir in der Regel keinen Grund, eifersüchtig zu sein. Ganz im Gegenteil können wir für so viele vermeintlich kleine Dinge des Lebens dankbar und zufrieden sein, die zudem sehr wichtig für unser persönliches Glücksempfinden sind. Dazu empfehle ich Ihnen, abends vor dem Einschlafen drei Fragen zu beantworten:

1. Worüber habe ich mich heute gefreut?
2. Was ist mir heute gut gelungen?
3. Wofür kann ich heute dankbar sein?

Sie werden schnell bemerken, dass es häufig eben die (vermeintlichen) Kleinigkeiten des Tages sind, die Sie glücklich gemacht haben und für die wir so dankbar sein können. Und nicht selten wird auch ein gelungener Auftrag sowie das Lächeln und die Dankbarkeit eines zufriedenen Kunden dazu gehören.

Das mag etwas pathetisch klingen, aber in diesem Sinne trägt Service, indem Sie also zum Wohl anderer Menschen beitragen, sehr zu Ihrem persönlichen Glücksempfinden bei. Für jemanden von Nutzen sein stärkt in gleichem Maße unser eigenes Wertgefühl und trägt zum „Sinn des Lebens" bei. Dies erklärt im Übrigen den hohen Zufriedenheitsgrad, den viele Bedienstete trotz immensen Arbeitspensums in Gesundheits- und Pflegeberufen empfinden. Die Dankbarkeit kehrt in ihr eigenes Herz zurück. Oder literarisch mit den Worten von *Goethe* ausgedrückt: „Willst du glücklich sein im Leben, trage bei zu anderer Glück, denn die Freude, die wir geben, kehrt ins eigene Herz zurück!" (Goethe 2018, S. 327).

Verwenden Sie daher stets viele Worte der Dankbarkeit und des Respekts: „Ihren Besuch weiß ich sehr zu schätzen, vielen Dank dafür!" „Ihre Erläuterung hat mir sehr geholfen, vielen Dank dafür!" „Vielen Dank, dass Sie die Zeit für mich nehmen!" „Vielen Dank für Ihre Geduld!" „Danke, dass Sie noch einen Moment gewartet haben!"

> In jedem Kundengespräch muss das Wort „Danke" mehrfach vorkommen!

… und zwingend natürlich zum Abschluss: „Vielen Dank für Ihren Auftrag/Einkauf. Besuchen Sie uns bald wieder!"

Literatur

Goethe JW, zit. nach Springer Fachmedien (Hrsg) (2018) Zitate für Manager. Springer Gabler, Wiesbaden

32

Humor: Lache, und die Welt lacht mir dir!

Verschiedene Untersuchungen von Psychologen haben ergeben, dass Humor und Lachen eine reinigende Wirkung auf unser Gemüt haben. Aggressiv gestimmte Personen, denen man lustige Bilder zeigte, waren im Anschluss deutlich weniger aggressiv als solche, die „nichts zum Lachen" hatten. Lachen hat zudem eine spannungslösende Wirkung, die uns im Service-Verkauf sehr nützlich sein kann (Schwarz 2008).

> **Was ist mit meiner Alten?**
>
> Nach der Schule half ich häufig im Auteile-Fachmarkt aus und habe auf diese Weise sehr viele Kundengespräche miterlebt. Ein Erlebnis ist mir besonders in Erinnerung geblieben. Ich füllte gerade das Regal mit den Starterbatterien auf und verkaufte dabei einem älteren Ehepaar eine neue Batterie für ihr stehengebliebenes Auto. Höflich und serviceorientiert wie ich so bin, trug ich die schwere Batterie mit zur Kasse. Als ich mich verabschiedete, bekam ich noch mit, wie der Kunde den Kollegen an der Kasse fragte: „Und was ist mit meiner Alten, wie kann ich die entsorgen?" Der Mitarbeiter an der Kasse – ein allseits beliebter, humorvoller Kollege – schaute in diesem Moment mit großen Augen auf die Frau des Kunden, dann wieder auf den Mann, dann beide auf die Frau. Schließlich sagte der Kollege mit einem Grinsen im Gesicht: „Ihre Alte können wir natürlich gerne entsorgen!" Schließlich fingen alle an, laut zu lachen.

Nicht witzig? Ich gebe zu, nicht ganz genderkonform, aber ich hatte in diesem Moment überhaupt nicht damit gerechnet und lief die Treppe ins Untergeschoss hinunter, bis mein „Lachkrampf" vorüber war. (Der Fairness halber hier noch ein Gegenwitz: Eine Frau geht zur Wahrsagerin. Die sagt ganz entsetzt: „In den nächsten Tagen wird Ihr Mann sterben!" Daraufhin die Frau: „Das weiß ich schon. Was ich von Ihnen wissen will, ist, ob ich freigesprochen werde!")

Viel zu häufig ist die Stimmung von vornherein aufgeladen, weil beispielsweise Termine, Lieferzeiten, Rückrufwünsche oder dergleichen nicht eingehalten wurden bzw. die Wartezeiten im Service häufig allgemein zu lang sind. Leider gibt es auch immer wieder Kunden, die regelrecht „auf Krawall gebürstet" sind.

> Anstatt sich provozieren zu lassen, sollten Sie die Situation mit einem kleinen Witz entspannen.

Jeden Tag finden Sie in der Zeitung brauchbare Witzeleien, und auch das Internet ist voll davon. In einigen Servicebetrieben tragen die Mitarbeiter deswegen Smileys auf der Bekleidung oder Wände und Plakate sind mit Lachfiguren beklebt. Die persönliche Stimmung hat einen unglaublichen Einfluss auf unsere Kritikbereitschaft. Gute Laune ist für unser Gehirn ein Signal, dass alles gut läuft, die Umgebung sicher ist und wir weniger Obacht geben müssen. Es stellt sich infolge der positiven Gemütslage eine „kognitive Leichtigkeit" (Kahneman 2014, S. 93) ein, bis hin zur Leichtgläubigkeit.

Lachen hat sogar eine heilende Kraft, wie Mediziner wissenschaftlich nachgewiesen haben. Darüber hinaus macht Lachen schön, selbstsicher, erfolgreich und lässt Sie jünger aussehen.

Klemmen Sie sich doch für einige Sekunden mal einen Bleistift zwischen Ihre Zähne, sodass der Radiergummi nach rechts und die Spitze nach links zeigt. Nun halten Sie den Bleistift mit Ihren Lippen fest, sodass der Radiergummi in den Mund und die Spitze nach vorne zeigt. Vermutlich haben Sie bemerkt, dass, als Sie den Bleistift quer zwischen Ihren Zähnen festhielten, Ihre Gesichtszüge automatisch in Lachstellung gebracht wurden. Bei der zweiten Position ist es genau umgekehrt, normalerweise müssen Sie Ihre Stirn runzeln, wenn Sie den Bleistift mit den Lippen festhalten wollen. Forscher haben herausgefunden, dass Personen, während sie mit dem Bleistift in „Lachstellung" Cartoons anschauten, diese lustiger fanden als diejenigen, die die Stirn runzelten (Kahneman 2014, S. 74).

> Achten Sie also auf Ihre Mimik und gewöhnen Sie sich einen fröhlichen Gesichtsausdruck an!

Anfangs mag es helfen, wenn Sie beim Autofahren oder in anderen unbeobachteten Lebenssituationen mit einem Bleistift im Mund Ihre Gesichtsstellung konditionieren.

Selbsterklärend ist, dass Sie nicht zynisch oder sarkastisch werden, also den Kunden nicht mit ihren Witzen kränken. Deshalb sind religiöse, rassistische oder sexistische Diskriminierungen tabu, auch wenn sie den Kunden nicht betreffen mögen. Es gehört sich einfach nicht. Der beste Humor ist immer noch der, wenn man über sich selber lachen kann, und nicht über andere herziehen muss, um witzig zu sein. Das zeichnet in meinen Augen auch einen großartigen Komiker aus.

Zum Abschluss passt dieser Witz in der Kfz-Branche eigentlich immer: Treffen sich zwei alte Freunde. „Heute habe ich die Herrschaft über meinen Wagen verloren!" „Zu schnell gefahren?" „Nee, meine Tochter hat ihren Führerschein gemacht!"

Literatur

Kahneman D (2014) Schnelles Denken, langsames Denken. Pantheon, München
Schwarz G (2008) Führen mit Humor: Ein gruppendynamisches Erfolgskonzept. Gabler, Wiesbaden

33

Autorität: Service braucht Augenhöhe

Aus dem Schulunterricht dürften viele noch das nachfolgend beschriebene Aufsehen erregende „Milgram-Experiment" kennen:

> **Das Milgram-Experiment**
>
> „Legen Sie den Schalter um!", sagte der Versuchsleiter zu dem Probanden immer und immer wieder, wenn der Schüler eine Frage falsch beantwortet hatte. Beim *Milgram-Experiment* ging es darum, die Lernfähigkeit unter Einfluss von Strafandrohung – hier Stromstöße – zu testen. Der Professor teilte die freiwilligen Versuchsteilnehmer in Schüler und Lehrer auf. Die Schüler mussten Begriffe auswendig lernen, welche der Lehrer dann abfragte. Der Schüler saß festgeschnallt auf einem (elektrischen) Stuhl mit Elektroden, und über eine Sprechanalage musste er die Fragen des Lehrers aus dem Nachbarraum beantworten. War die Antwort falsch, bekam er einen Stromstoß verpasst. Erst sachte 75 Volt, dann 90, 105, 120, 135 Volt usw. „Das tat jetzt ganz schön weh!", hörte man den Schüler bei 150 Volt fluchen. Der Professor im weißen Kittel aber sagte unbeeindruckt zu dem Lehrer: „Machen Sie weiter!" Bei 180 Volt schrie der Schüler: „Hören Sie auf! Ich steige aus!" Der Lehrer war verunsichert, machte jedoch auf Anweisung des Professors weiter und die stellte die nächste Frage. Bei 230 Volt schrie der Schüler und flehte, damit aufzuhören. Er würde keine Frage

> mehr beantworten. Aber auch in diesem Fall wurde das Verhalten als Fehler gewertet und der Professor befahl dem Lehrer – ohne dabei eine Miene zu verziehen –, dass er den nächsten Stromstoß verpassen möge. Anstatt den Bitten des leidenden Opfers nachzugeben, legten zwei Drittel aller Teilnehmer sogar alle 30 Schalter um, mit Schockstärken bis zu 450 Volt, die für einen Menschen tödlich sein können. Eine Gruppe von 39 Psychiatern hatte im Vorfeld des Experiments vermutet, dass maximal einer von 1000 Probanden so weit gehen würde. Mit diesem Ausgang hatte niemand gerechnet.
>
> Im Gegensatz zu dem Lehrer war der Schüler natürlich kein Proband, sondern ein Schauspieler und die Elektroschocks nicht echt. Und es ging in dem Experiment auch nicht um „Lernen und Gedächtnis", sondern um die Frage, inwiefern Menschen einer Autorität hörig sind.
>
> (Milgram 1997)

Eine ganze Reihe derartiger Experimente führte immer wieder zu dem gleichen Ergebnis. Bis heute ist die Wirkung von Autoritäten auf unser Verhalten verblüffend. Sobald jemand eine Uniform trägt, ob Polizist, Pilot, Feuerwehrmann oder Schaffner in der Bahn, stehen die meisten Menschen innerlich „stramm" und befolgen die Anweisungen dieser „Autoritäten" häufig ungefragt. Nicht ohne Grund werden Ärzte (im weißen Kittel) auch „Götter in Weiß" genannt. Eine typisch hierarchische Beziehung zwischen Menschen. Das funktioniert natürlich auch im Service. Denn: „Was der Meister sagt, ist Gesetz!" In meinen Augen ein legitimes Mittel, wenn es sich um zwingend notwendige, sicherheitsrelevante Reparaturen handelt, die vom Kunden verweigert werden. Im Kfz-Service erleben wir dies (aus Kostengründen) häufig bei abgefahrenen Bremsen oder Reifen. Stellen Sie sich vor, dieser Autofahrer passiert täglich den Schulweg Ihrer kleinen Tochter!

> Eine akkurate (Betriebs-)Kleidung wirkt ebenfalls wie eine „Uniform", und sauberes Auftreten ist im Allgemeinen hilfreich, um Autorität und Kompetenz auszustrahlen. Sie wirken dadurch überzeugender und Ihre „Anweisungen" (Empfehlungen) werden weniger hinterfragt.

Aber bitte bedenken Sie, dass Sie auch bei aller Autorität am Ende des Auftrags die geforderte Leistung erbringen müssen. Wir wollen schließlich nicht, dass der Kunde einen (Elektro-)Schock bekommt!

Umgekehrt wirken Namensschilder von Auszubildenden „Ich lerne noch" oder „Auszubildender" überhaupt nicht autoritär und sind ebenso ein Beispiel für eine vertikale Kundenbeziehung mit anderem Vorzeichen. Es ist ein großer Trugschluss zu glauben, dass Kunden zufriedener wären, wenn sie auf mangelnde Erfahrung oder Kompetenz aufmerksam gemacht werden. „Ach so, Sie lernen noch! Dann lassen Sie sich mal ruhig Zeit. Ich habe sonst auch nichts vor heute!" Diese degradierenden Namenszusätze lösen beim Kunden unnötig ungute Gefühle aus. Oder haben Sie jemals einen Kunden sagen gehört: „Sie sind noch in der Ausbildung? Dann kippen Sie ruhig das falsche Öl auf. Ihre Firma ist ja bestimmt gut versichert!" Mit derartigen Zusätzen auf den Namensschildern werden Kollegen in gewisser Weise gebrandmarkt. Denn was liest der Kunde tatsächlich aus dem Zusatz? Der liest: „Ich bin unfähig!", „Ich bin sogar so unfähig, dass mein Chef dich, lieber Kunde, sicherheitshalber vor mir warnt." (Rath 2018, S. 102–105)

Fehler können jedem passieren. Da hilft auch kein Namensschild. Kundenservice ist schließlich keine Abteilung, Hierarchie- oder Ausbildungsbezeichnung.

Übrigens, Auszubildende, die sich des Vertrauens ihrer Vorgesetzten gewiss sein können, strahlen dies auch nach außen aus und treten vor dem Kunden viel kompetenter auf. Wenn Sie auf dem Namensschild unbedingt noch etwas hinzufügen wollen, so wählen Sie eine besondere Stärke oder Eigenschaft, wie zum Beispiel „Ölexperte", „Reifenprofi", „Smartphone-Experte", „HiFi-Spezialist" oder dergleichen. So kommen Sie mit dem Kunden bestimmt schnell ins Gespräch. Sie können es aber einfach auch beim persönlichen Namen belassen. Denn das Wichtigste beim Service ist die horizontale Beziehungsebene, also dass die Kommunikation mit dem Kunden auf Augenhöhe stattfindet. Dann fühlt er sich ernst genommen und wertgeschätzt. In einer vertikalen Beziehung fühlen sich im Prinzip beide Seiten nicht wohl, und Sie legen sinnbildlich gesprochen doch nur „einen Schalter" um.

Literatur

Milgram S (1997) Das Milgram-Experiment: Zur Gehorsamsbereitschaft gegenüber Autorität. Rowohlt, Reinbek

Rath CK (2018) Für Herzlichkeit gibt's keine App: Service-Excellence in digitalen Zeiten. Gabal, Offenbach

34

Optimismus: Der Above-Average-Effekt

„Optimisten geht es besser im Leben. Sie sind zufriedener, glücklicher, hoffnungsvoller, erfolgreicher und damit den Pessimisten haushoch überlegen. Mit einer optimistischen Lebenseinstellung lassen sich große Ziele mit höherer Wahrscheinlichkeit erreichen, denn der Glaube an das Gelingen kann Berge versetzen … Optimismus macht Sie zufrieden, weil er Ihnen hilft, das Leben positiv zu sehen, selbst wenn es gerade einmal nicht alles optimal läuft." (Weidner 2017, S. 9) So die Worte meines Kollegen *Jens Weidner*, der gleichzeitig auch im Vorstand des „Clubs der Optimisten e. V." in Hamburg ist, in dem wir beide seit vielen Jahren Mitglied sind.

> **Verzerrte Wahrnehmung**
>
> Gehören Sie eher zu den 25 Prozent der besseren oder schlechteren Autofahrer? Gehören Sie eher zu den 25 Prozent der Menschen, denen man vertrauen kann oder denen man nicht trauen kann? Zählen Sie sich eher zu den 25 Prozent der attraktiveren und sympathischen oder eher zu den 25 Prozent der unattraktiven bzw. unsympathischen Menschen?
> Sie ahnen schon, worauf die Fragen hinauslaufen, denn neun von zehn befragten Personen antworten, dass sie sich eher zu dem oberen Viertel in der Bevölkerung zählen. Ohne Mathematik studiert zu haben ist jedem klar, dass die Statistik rechnerisch nicht aufgeht: 90 Prozent können sich unmöglich für die besseren 25 Prozent halten!
> (Vgl. Sharot 2019)

Diese verzerrte Wahrnehmung der Realität nennt man in der Psychologie den „Above-Average-Effekt". (Kahneman 2014, S. 321) Auch wenn es sich dabei um ein überzogenes Selbstbild handelt – eine Selbsteinschätzung ist nun einmal auch nur eine „Schätzung" – so sind Menschen mit einem „gesunden" Glauben an ihre eigene Überdurchschnittlichkeit sowohl in der Geschäftswelt als auch im Privatleben weniger verwundbar und insgesamt erfolgreicher als jene Menschen, die eher eine negative Einstellung von sich haben. Sie wirken nicht nur kompetenter und vertrauenswürdiger, sondern verfolgen ihre Ziele auch mit mehr Ausdauer. *Panagiota Petridou*, eine der erfolgreichsten Autoverkäuferinnen Deutschlands, sagte kürzlich in einem Interview über ihr Erfolgsgeheimnis: „Man muss sehr stark an sich glauben und das auch verkaufen, vor allem sich selbst. Das ist das A und O. Es gibt einen sehr schönen Spruch, der im Vertrieb absolut gilt: *Man wird nur dann zum Superheld, wenn man sich selbst für super hält!* Wenn du selbst denkst, dass du Güteklasse A bist und ein 1a-Produkt hast, dann kannst du das auch verkaufen. Ich stehe morgens früh auf und denke schon, ich bin der absolute Superstar (*lacht*). Ich bin gut gelaunt. Ich bin gesund. Ich bin fleißig. Ich nehme all diesen positiven Attribute mit zur Arbeit." (Bast 2019, S. 75–76)

Für den Service gilt dies gleichermaßen. Natürlich geht es nicht ohne Kompetenz, aber wenn Sie sich zu negativ einschätzen, spürt das der Kunde und wird Ihnen weniger Vertrauen und Glauben schenken. Wer sich dagegen überdurchschnittlich fühlt und sich positiv (fehl)einschätzt, traut sich mehr zu und probiert mehr aus, was statistisch einfach zu mehr Treffern und Erfolg führt. Kritik oder Niederlagen lassen diese Menschen einfach an sich abperlen.

Eine leichte Selbstüberschätzung, so sagen die Neurowissenschaftler, belohnt Sie übrigens nicht nur mit einem nachhaltig besseren Selbstwertgefühl, sondern nachgewiesen auch mit einem längeren Leben (Weidner 2017, S. 187). Es ist so gesehen *lebens*wichtig, an sich selbst zu glauben. Der Optimist hat nicht unbedingt häufiger recht als der Pessimist, aber er lebt fröhlicher!

Natürlich kann bei einem Auftrag immer etwas schieflaufen, ein anstehendes Gespräch oder eine Verhandlung missraten oder Kunden, Kollegen und Vorgesetzte können kritisch auf Ihre Aktivitäten reagieren oder Ihnen sonstige Probleme bereiten. In der Regel ist es aber so, dass sage und schreibe 90 % aller Sorgen, die man sich macht, gar nicht eintreten. Ist es dann nicht vergeudete Energie, sich so viele negative Gedanken zu machen? Die Psychologen warnen sogar vor übertriebenen Pessimismus, denn er macht krank. Wenn sich jeden Tag das Sorgenrad von neuem zu drehen beginnt, kommen Sie irgendwann nicht mehr ohne fremde Hilfe daraus. Mal abgesehen davon, dass es für Ihre Mitmenschen, Kollegen und Kunden nicht besonders angenhm ist, mit Ihnen negative Schleifen zu drehen. Optimistische Menschen haben einfach eine angenehmere Ausstrahlung.

Für unsere mentale Gesundheit sollten wir Folgendes beherzigen:

> Wir brauchen uns niemals Sorgen oder Vorwürfe machen, wenn wir stets unser Bestes geben und gut vorbereitet an die Aufgaben herangehen!

Das spürt auch jeder Kunde und weiß das zu schätzen, auch wenn es mal nicht so gut gelaufen ist. Also, why worry?

> In life there are only two things to worry about:
> whether you are well, or whether you are sick.
> Now, if you are well, you have nothing to worry about.
> And if you are sick, you only have two things to worry about:
> whether you get better, or whether you die.

If you get better, you have nothing to worry about.
And if you die, you only have two things to worry about:
whether you go to heaven, or whether you go to hell.
Now, if you go to heaven, you have nothing to worry about.
And if you go to hell, you'll be to busy shaking hands with your friends,
that you won't time to worry. So why worry!

(Irisches Gedicht)

Literatur

Bast V (2019) Wer nicht fröhlich ist, verkauft nichts. (Februar 2019). Impulse (2): 75–76

Kahneman D (2014) Schnelles Denken, langsames Denken. Pantheon, München

Sharot T (2019) Die Meinung der anderen: Wie sie unser Denken und Handeln bestimmt – und wie wir sie beeinflussen. Pantheon, München

Weidner J (2017) Optimismus: Warum manche weiter kommen als andere. Campus, Frankfurt

35

Liebe: Gut, dass es dich gibt!

Wenn man illustrierte Zeitschriften beim Frisör durchblättert, das Abendprogramm des ein oder anderen Fernsehsenders betrachtet oder einen Großteil der zwischenmenschlichen Kommunikation in den sozialen Medien im Internet verfolgt, verspürt man den dringenden Wunsch, das Wort „Liebe" auf absehbare Zeit nicht mehr in den Mund nehmen zu wollen.

In der deutschen Sprache leiden wir darunter, dass wir für so unterschiedliche Formen der Liebe wie die Menschenliebe (agape), der geschlechtlichen Liebe (eros) oder der Nächstenliebe (caritas) dasselbe Wort verwenden. In allen Fällen besagt „Liebe" so viel wie „Gutheißen": „Gut, dass es dich gibt!" „Gut, dass du auf der Welt bist!" „Mir würde etwas fehlen, wenn du nicht existieren würdest!" (Pieper 1987, S. 38–39)

> **Mutterliebe**
>
> Der Psychoanalytiker *René Spitz* ist durch seine Hospitalismus-Untersuchungen berühmt geworden (Spitz 1973). Er untersuchte die Entwicklung von Kindern, die zum einen im Gefängnis geboren und dort nicht gerade unter komfortablen Bedingungen von ihren inhaftierten Müttern aufgezogen wurden, und anderseits Kinder, die ohne ihre Mütter, aber in modern ausgestatteten, hygienisch einwandfreien amerikanischen Säuglings- und Kleinkindheimen von Pflegerinnen betreut wurden. Das Resultat des Vergleichs ist im Grunde nicht verwunderlich: Die im Gefängnis geborenen Kinder waren in Bezug auf Krankheiten, Sterblichkeit, Neuroseanfälligkeit usw. bei weitem besser dran als die Kinder in den Waisenheimen. Offensichtlich reicht es für uns Menschen nicht nur, ein Dach über den Kopf zu haben oder uns satt essen zu können. Das Geliebtwerden durch die eigene Mutter scheint buchstäblich die Vorbedingung für die eigene Existenz zu sein. In jedem Fall ist die mütterliche Liebe entscheidender für unser Gedeihen als die materiellen Umstände!

Damit wird Liebe sogar zu einer Willensäußerung; sie besagt, dass man mit jemandem einverstanden ist. Im Prinzip ist die Liebe sogar der Ur-Akt des Willens überhaupt, ist doch die Existenz von uns allen von ihr abhängig (Pieper 1987 S. 42). „Wahre Liebe" ist zudem immer ungeschuldet. Man kann sie weder verdienen noch fordern. Sie ist immer ein Geschenk. Nur zu lieben, um aufs Geliebtwerden angewiesen zu sein, funktioniert nicht. „Was nicht um seiner selbst willen geliebt wird, das wird überhaupt nicht geliebt." *(Augustinus)* Man kann zwar zwischen der selbstlosen, schenkenden Liebe (agape) und der begehrenden, bedürftigen Liebe (eros) unterscheiden, bei der „vollendeten Liebe" verschmelzen jedoch beide. Bei der freundschaftlichen (Nächsten-)Liebe (caritas) verhalten wir uns gegenüber dem Freund wie zu uns selbst. Deswegen ist eine gesunde Selbstliebe überhaupt so wichtig für die Fähigkeit zu lieben. Oder wie *Augustinus* weiter sagte: „Wenn du dich selber nicht zu lieben weißt, kannst du auch den Nächsten nicht wahrhaftig lieben."

Die Vollendung eines exzellenten Service hat in diesem Sinne stets auch mit der Gutheißung des Kunden als Mensch zu tun: „Gut, dass Sie da sind!" „Mir würde etwas fehlen, wenn es Sie nicht gäbe!" Wie jeder von uns das aufrichtige Geliebtwerden und die Bejahung von anderen Menschen im Umgang miteinander spürt, tut das ebenso der Kunde, und er wird sich mit seiner Gegenliebe in Form von Treue, also einer lang anhaltenden (Kunden-)Beziehung, erkenntlich zeigen.

35 Liebe: Gut, dass es dich gibt!

> Wer seine Kunden wirklich liebt, braucht sich um den Erfolg seines Geschäfts keine Gedanken zu machen!

Aus diesem Grund ist es wichtig, dass wir stets gut und wertschätzend über unsere Kunden reden. Leider lassen sich viele Kollegen immer wieder dazu verleiten, über Kunden zu lästern. Aber aufgepasst: Jeder Gedanke hat die Tendenz, sich zu verwirklichen. So, wie Sie denken, verhalten Sie sich (unbewusst) auch. Hüten Sie sich daher davor, schlecht über Ihre Kunden zu sprechen. Das kommt wie ein Bumerang auf Sie zurück. Beherzigen stattdessen lieber „Die drei Siebe des *Sokrates*":

Die drei Siebe des Sokrates

Aufgeregt kam einst ein Schüler zu Sokrates gelaufen: „Höre Sokrates, das muss ich dir erzählen, wie dein Freund …" „Halt ein!", unterbrach ihn der Weise. „Hast du das, was du mir sagen willst, auch durch die drei Siebe gesiebt?" – „Drei Siebe?", fragte der Schüler verwundert. „Ja, drei Siebe. Das erste Sieb ist die Wahrheit. Hast du alles, was du mir erzählen willst, geprüft, ob es wahr ist?" – „Nein, ich hörte es erzählen und …" – „So, aber sicher hast du es mehr mit dem zweiten Sieb geprüft; es ist die Güte. Ist das, was du mir erzählen willst, wenn schon nicht als wahr erwiesen, so doch wenigstens gut?" – „Nein, das nicht, im Gegenteil." Der Weise unterbrach ihn: „Lass uns auch noch das dritte Sieb anwenden und fragen, ob es notwendig ist, mir das zu erzählen, was dich so aufregt." – „Notwendig nun gerade nicht." – „Also", lächelte der Weise, „wenn das, was du mir erzählen willst, weder wahr noch gut noch notwendig ist, so lass es begraben sein, belaste dich und mich nicht damit."
(Quelle nicht eindeutig; vermutlich aus der Apologie des Sokrates 399 v. Chr.)

Mein Handelslehrer hat immer gesagt: „Wer den Geruch, die Hässlichkeit und Dummheit der Leute nicht leiden kann, darf nicht in den Handel (Service) gehen!" *Jeder* Mensch hat viele guten Seiten und Eigenschaften, wir müssen nur unsere Aufmerksamkeit darauf richten. Von *Goethe* stammt der weise Ausspruch: „Wenn wir die Menschen nur nehmen, wie sie sind, so machen wir sie schlechter; Wenn wir sie behandeln als wären sie, was sie sein sollten, so bringen wir sie dahin, wohin sie

Abb. 35.1 Ich liebe Euch alle!

zu bringen sind" (Goethe 1986, S. 557) Beherzigen Sie das auch beim Kontakt mit Ihren Kunden. Sie werden erstaunt sein, wie gut die meisten Menschen (Kunden) im Gegenzug auch zu Ihnen sein werden. Das nennt man dann wohl „wahre Liebe" (s. Abb. 35.1).

Literatur

Goethe J (1986) Wilhelm Meisters Lehrjahre. Reclam, Stuttgart
Pieper J (1987) Über die Liebe. Kösel, München
Spitz RA (1973) Die Entstehung der ersten Objektbeziehungen. Klett, Stuttgart

36

Kompetenz: Wissen ist Macht, haste gedacht …

Die gute Nachricht vorab: Wissen und Intelligenz sind nicht vererbbar. Es liegt also nicht an den Genen! Ganz im Gegenteil machen wir nur von einem kleinen Teil unserer geistigen Ressourcen Gebrauch und schöpfen unsere Möglichkeiten bei weitem nicht aus. Dabei ist Wissen der einzige Rohstoff, der auf unserer Erde uneingeschränkt zur Verfügung steht und sich durch Gebrauch nicht abnutzt, sondern vermehrt. *Alfred Binet*, der Erfinder des Intelligenztests, wehrte sich schon damals gegen die These, die Intelligenz des Menschen sei eine konstante Größe, die man nicht steigern könne. (Funke 2006, S. 23–40) Im Laufe der Jahrzehnte haben Untersuchungen gezeigt, dass die IQ-Werte sich von Generation zu Generation erhöht haben.

> **The Knowledge**
>
> London ist für Taxifahrer ein Albtraum. Keine säuberlich strukturierte Großstadt wie New York, sondern ein über Jahrhunderte chaotisch gewachsener urbaner Dschungel. In einem Umkreis von zehn Kilometern um die Bahnhöfe im Zentrum vernetzen und schneiden sich etwa 20.000 Straßen in allen möglichen Winkeln und enden irgendwo inmitten von Parks, vor Denkmälern, Häuserfronten oder in Sackgassen. Um eine Lizenz zu erhalten, müssen die Londoner Taxifahrer trotz Navi all diese Straßen und Gassen auswendig lernen, sich also „enzyklopädische Kenntnisse" in Form einer „Mental Map" aneignen, die man dort im Taxigewerbe stolz als „The Knowledge" (das Wissen) bezeichnet.
>
> Die britische Neurologin *Eleanor Maguire* hat nun bei MRT-Scans herausgefunden, dass die Londoner Taxifahrer deutlich vergrößerte hintere Hippocampus besitzen. Das sind die Hirnareale, in denen u. a. das räumliche Wissen abgespeichert wird. Bemerkenswert war dabei noch, dass die Gehirnareale umso größer waren, je länger die Taxifahrer ihren Beruf ausübten.
> (Vgl. Shenk 2012, S. 51–52)

Nun müssen Sie sich nicht unbedingt das „Knowledge" eines Londoner Taxifahrers aneignen, um beim Kunden intelligent aufzutreten. Dennoch ist es sowohl für Ihre mentale Gesundheit wie auch für Ihren Beruf von Vorteil, wenn Sie Ihr Gehirn trainieren und sich regelmäßig neues Fachwissen aneignen. Den Kunden imponiert es schon, wenn Sie Artikel- und Farbnummern, Einbauhinweise, Rezepte und dergleichen auswendig können. Das erzeugt Eindruck!

Professioneller Service berührt alle Kompetenzfelder, mit denen wir im Rahmen unseres Berufslebens in Verbindung kommen:

- die *Fachkompetenz*, ohne die kein qualitativer Service möglich ist;
- die *Methodenkompetenz*, das „Gewusst wie", insbesondere wenn es um Problemlösungen geht;
- die *Sozialkompetenz*, den taktvollen und empathischen Umgang mit Menschen.

Wir müssen wir immerfort an unseren Kompetenzen arbeiten und täglich dazulernen. Und das hat viel mit innerer Einstellung zu tun. Darüber hinaus möchte ich eine vierte Schlüsselkompetenz für Service-Exzellenz ergänzen, nämlich

- die *energetische Kompetenz*, die körperliche und geistige Fitness, die wir benötigen, um aufgeweckt, belastbar und fröhlich dem Kunden (anderen Menschen) gegenüberzutreten.

Eine lateinische Redewendung lautet: „Mens sana in corpore sano" oder „In einem gesunden Körper ruht ein gesunder Geist." Um diese mentale und körperliche Fitness zu erreichen, bedarf es eines gewissen Maßes an Selbstdisziplin sowie eines gesundheitsförderlichen Verhaltens, wie beispielsweise regelmäßige Bewegung, ausreichend Schlaf und gesunde Ernährung. In dieser Beziehung können wir uns auch nur selbst beglücken (oder betrügen). Denn es ist unglaublich, was wir an persönlicher Lebensqualität gewinnen (oder eben einbüßen), wenn wir nur diese drei lebenswichtigen Komponenten (nicht) beachten.

> Wenn Sie es noch nicht getan haben, sollten Sie unbedingt damit anfangen, neben Ihren fachlichen Kompetenzen auch Ihre mentalen und energetischen Kompetenzen zu stärken. Sie leben schließlich nicht auf Probe!

Sie haben dadurch auch viel mehr Freude am Leben, sehen gut aus und der exzellente Service gelingt quasi von selbst. Aber aufgepasst: Die Kompetenzaneignung über Wissen bzw. Qualifikation ist jedoch nur die eine Seite der Medaille. Es sind darüber hinaus Anwendungs- und Handlungskompetenzen erforderlich, um das erworbene Wissen im Sinne von Service-Exzellenz auch umzusetzen. Denn erst durch die Umsetzung der erworbenen Fähigkeiten wird Kompetenz auch „auf die Straße gebracht" oder in Anlehnung an *Peter Rosegger* formuliert: „Wissen ist Macht, haste gedacht, Wissen ist wenig, Können ist König!" (Rosegger 1916)

Literatur

Funke J (2006) Alfred Binet und der erste Intelligenztest der Welt. In: Lamberti G (Hrsg) Intelligenz auf dem Prüfstand: 100 Jahre Psychometrie. Vandenhoeck und Ruprecht, Göttingen

Rosegger P (1916) Gesammelte Werke. Staackmann, Leipzig

Shenk D (2012) Das Genie in uns allen: Neue Erkenntnisse über Begabung und Intelligenz. Hoffmann und Campe, Hamburg

Teil V

Organisation

„Ordnung ist das halbe Leben!", heißt es im Volksmund, und das hat im Service auch seine Berechtigung. Eine funktionierende Arbeitsteilung sowie ein ordentlicher und sauberer Auftritt übertragen sich auf die Servicequalität, was sogar in wissenschaftlichen Experimenten nachgewiesen wurde. Nach dem Gesetz der Reziprozität zieht man das an, was man ausstrahlt, auch als „Halo-Effekt" bekannt. Demzufolge bekommt auch jeder die Kunden, die er verdient.

Service-Exzellenz ist nicht unbedingt „der große Wurf", sondern Liebe zum Detail, und das Ganze ist dann mehr als die Summe seiner Einzelteile. Organisatorisch gibt es dazu zahlreiche Stellschrauben, damit ein exzellenter Service überhaupt erst möglich wird. Bei den unternehmenspolitischen Maßnahmen ist dabei zu beachten, dass aus Servicegesichtspunkten häufig der Grundsatz „Weniger ist mehr" gilt. Komplexität ist nicht selten ein „Service-Killer". Und die Kunst ist es, nicht die komplizierte Bohrmaschine, sondern das Loch in der Wand zu verkaufen.

Eine überragende Stellung nimmt das Zusammenspiel der Serviceakteure ein. Denn im Service stehen wir auf einer Bühne, und der Kunde erwartet eine exzellente Performance vom gesamten Service-Team!

37

Team-Identität: Keine „Zuständigkeiten"

Der Umfang der betrieblichen Aufgaben ist in der Regel zu groß und komplex, als dass jemand sie alleine bewältigen könnte. Das arbeitsteilige und kooperative Miteinander im Service-Team ist salopp gesagt „kriegsentscheidend" dafür, dass wir am Ende auch erfolgreich sind.

> **Spartakus**
>
> In dem Historiendrama „Spartakus" wird die Geschichte vom Aufstand der römischen Sklaven im Jahre 71 vor Christus erzählt. Zweimal besiegten die aufständischen Sklaven unter der Führung von Spartakus die römischen Legionen, bis sie schließlich geschlagen wurden. Die römischen Sieger wollten Gnade walten lassen und allen Sklaven die Kreuzigung ersparen, wenn sie Spartakus, dessen Gesicht sie nicht kannten, auslieferten. Da stand Spartakus auf und sagte: „Ich bin Spartakus!" Sogleich erhob sich der nächste Mann neben ihm und sagte: „Ich bin Spartakus!" Der nächste erhob sich mit den gleichen Worten, und innerhalb weniger Minuten war das ganze Sklavenheer auf den Beinen. Wohl wissend, dass es für sie alle den Tod bedeuten könnte, hielten sie aus Loyalität zu ihrem Anführer zusammen. Sie verband eine gemeinsame Identität und Vision, sie wollten frei sein und nicht zurück in die Sklaverei kehren. Diese verbindende Kraft der gemeinsamen Identität war so stark, dass sie sogar bereit waren, dafür zu sterben.

Heute sprechen wir von „Teamgeist", wenn Menschen zusammenhalten und sich als Gemeinschaft identifizieren. Jeder von uns kennt diese Kraft und Motivation, die freigesetzt wird, wenn man geschlossen im Team zusammenhält und die gemeinsame Identität innerlich spürt. Man fühlt sich so stark, dass man Berge versetzen könnte. Wir Menschen haben diese Fähigkeit, über unseren Eigennutz hinaus zu denken und als Teil von etwas Gemeinsamen und Ganzen Erfüllung zu finden. Der Kunde spürt diesen Zusammenhalt ebenfalls. Wenn das Service-Team zusammensteht, ist der Auftritt insgesamt stimmiger und professioneller. Wie bei einer Theateraufführung halten die Akteure vorne auf der Bühne stets zusammen. Selbst wenn hinter dem Vorhang manchmal Chaos und Unfrieden herrschen sollte, so hat der Zuschauer – in unserem Fall der Kunde – schließlich dafür bezahlt, eine ordentliche Performance (Leistung) geboten zu bekommen.

Um sich als Team identifizieren zu können und um zu einer lebenswerten Teamkultur zu gelangen, müssen wir in einem gemeinsamen Prozess mit unseren Kollegen diese Team-Identität kontinuierlich formen.

> Team-Identität entsteht durch den regelmäßigen Austausch der beteiligten Serviceakteure. Wenn Sie es noch nicht praktizieren, führen Sie daher unbedingt regelmäßige Teambesprechungen ein!

Der Teamgedanke muss wahrhaftig gelebt und kann auch nicht „von oben" befohlen werden. Denn ansonsten behalten die Einzelkämpfer recht und die Teamkultur bleibt eine Floskel im Sinne von: „Toll ein anderer machts!" Die organisatorische Konsequenz ist dann das althergebrachte Zuständigkeitsdenken, was für die Erbringung eines exzellenten Service absolut kontraproduktiv ist.

> **Zuständigkeiten**
>
> Dies ist die Geschichte von *Jeder, Jemand, Irgendjemand und Niemand*. Es ging darum, eine wichtige Aufgabe zu erledigen und *Jeder* wusste, dass es *Jemand* tun musste. *Irgendjemand* wollte es auch tun, aber *Niemand* tat es. Da wurde *Jemand* böse, weil es *Jeder's* Aufgabe war. Schließlich beschuldigte *Jeder Jemand*, weil *Niemand* tat, was *Irgendjemand* hätte tun können!
> (Autor unbekannt)

Hüten Sie sich davor, gegenüber dem Kunden von „Zuständigkeiten" zu sprechen. Bei dem Kunden kommt es immer besser an, wenn er ganzheitlichen Service erfährt. Oder wie fühlen Sie sich, wenn Ihnen jemand ins Gesicht sagt: „Dafür bin ich nicht zuständig!" Emotional bekommen Sie die Krise, erst recht, wenn der „zuständige" Kollege nicht da ist und Sie sich eventuell sogar einen Tag Urlaub genommen haben, um Ihr Anliegen zu erledigen. Streichen Sie daher bitte das Wort „zuständig" unbedingt aus Ihrem Wortschatz! In semantischer Hinsicht stammt das Wort „zuständig" von „ständig zu sein" ab (nicht das, was Sie jetzt denken): Wir grenzen uns dadurch – auch mental – im Aufgabenspektrum ein, und das ist im Service praktisch ein Ding der Unmöglichkeit. Unsere Aufgaben sind einfach zu vielseitig.

> Statt „Zuständigkeiten" vereinbaren Sie Verantwortlichkeiten. Sie bestimmen die Aufgaben nach Prioritäten und ordnen sie nach Bedeutung und Dringlichkeit. (Vgl. Hecker 2012, S. 158–160)

Wenn Ihnen unnötige Prozesse in Ihrer Tätigkeit auffallen, müssen Sie dies unbedingt intern zur Sprache bringen und das Problem abstellen, weil sich diese sogenannten „Bullshit-jobs" ansonsten jeden Tag weiter multiplizieren.

Nehmen Sie sich jeden Tag ausreichend Zeit für die Absprache und Planung der anstehenden Aufgaben im Service-Team. Menschen, die unter dem „Do-it-yourself-Syndrom" leiden („Wenn ich es nicht selbst erledige, geht es mit Sicherheit schief"), verwenden zu wenig bis gar keine Zeit für die Planung und leiden früher oder später am sogenannten „Burn-out-Syndrom" (Ausgebranntsein) (Hecker 2012, S. 161–162). Mit nur etwas Organisationsdisziplin können Sie dem nachhaltig vorbeugen. Zudem macht Organisation Spaß – erst recht im Service -, gewinnen wir doch wertvolle Zeit, die wir für uns und unsere Kunden einsetzen können. Die Zusammenarbeit im Team ist harmonischer. Man giftet sich nicht gegenseitig an und Schuldzuweisungen beschränken sich auf Ausnahmen.

Schließlich lobte *Jeder Jeden*, weil *Jedermann* tat, was *Alle* tun sollten!

Literatur

Hecker F (2012) Management-Philosophie: Strategien für die Unternehmensführung; Grundregeln für ein erfolgreiches Management. Gabler, Wiesbaden

38

Ordnung: Liebe zum Detail

Service-Exzellenz ist nicht „der große Wurf", bei dem es einen „Master-Plan" für den Erfolg gibt, sondern entsteht aus Liebe zum Detail. Es sind die vermeintlichen Kleinigkeiten, die am Ende ein stimmiges Ganzes ergeben. Dies verlangt kontinuierliche Aufmerksamkeit, vor allem auch bei den (vermeintlich) kleinen Dingen des Lebens.

> **Angekommen**
>
> Ein wohlhabendes Ehepaar beschließt, im Winter eine Woche in die Südsee zu fliegen. Aus beruflichen Gründen muss die Frau ihren Flug jedoch um einen Tag verschieben. Sie verabreden, dass ihr Mann schon vorausfliegt. In der Südsee angekommen, checkt dieser das Hotel und schickt seiner Frau eine E-Mail. Versehentlich vergisst er beim Eingeben ihrer E-Mail-Adresse einen Buchstaben – und so landet seine Nachricht bei einer anderen Person; ausgerechnet bei einer Witwe, die gerade ihren Mann zu Grabe getragen hat. Als diese nach der Trauerfeier in ihr E-Mail-Postfach sieht, bricht sie aufgrund der Nachricht zusammen. Ihr Sohn findet sie wenig später ohnmächtig auf dem Fußboden liegend vor. Auf dem Computerbildschirm ist folgende Nachricht zu sehen:

> „An meine zurückgebliebene Frau, von Deinem vorgereisten Mann!
> Betreff: Bin angekommen!
> Meine Liebste, ich bin soeben angekommen. Das ging erstaunlich einfach. Wusste ja auch nicht, was da auf mich zukommt. Hier ist mir alles fremd, aber ich wurde freundlich aufgenommen. Und sie sagen mir gerade, dass auch für Deine Ankunft alles gut vorbereitet ist. Ich wünsche Dir eine gute Reise und erwarte Dich. In ewiger Liebe!
> P.S.: Es ist extrem heiß hier unten!"
> (Weidner 2017, S. 168)

Kleine Fehler oder Unachtsamkeiten können große Konsequenzen nach sich ziehen oder zu Peinlichkeiten führen. Entwickeln Sie daher eine „Liebe zum Detail".

Erfolgreiche Handels- und Dienstleistungsbetriebe zeichnen sich insbesondere dadurch aus, dass sie jede Kleinigkeit vorgedacht haben. Der Kunde nimmt am Ende „das große Ganze" wahr, im Detail sind damit jedoch eine Vielzahl an Abläufen und Dingen verbunden, die dem Kunden nur auffallen, wenn sie nicht vorhanden sind oder nicht funktionieren.

> Schlüpfen Sie daher regelmäßig in die Rolle des Kunden und versetzen Sie sich in seine Lage, wie er die Abfolge seiner Auftragsbearbeitung bei Ihnen erlebt!

Welche Details würden Sie ändern? Erstellen Sie sich zudem Checklisten, um nichts zu vergessen. Wie bei einer Inspektion. Wenn Sie beispielsweise einen Wartebereich für Kunden haben, nehmen Sie dort einmal für die typische Dauer eines Kundenaufenthalts Platz und beobachten Sie das Geschehen. Worüber unterhalten sich die Kunden? Liegen dort alte Zeitschriften herum? Ist der Mülleimer geleert? Stehen dort halbvolle Kaffeebecher? Erstellen Sie im Anschluss eine Checkliste.

Ebenso bei der Auftragsbearbeitung: Gibt es typische Bearbeitungsfehler, die wiederholt auftreten? Werden bestimmte Felder im Auftrags-Serviceformular nicht richtig oder nicht vollständig ausgefüllt, die später zu (zeit)aufwändigen Nacharbeiten führen? Stehen bestimmte Ressourcen (Ersatzteile, Werkzeuge, Mitarbeiter u. a.) wiederkehrend nicht zur Verfügung?

Ist die Kommunikation zum Kunden sichergestellt? Bekommt er seine Fertigstellungsanzeige pünktlich und wird sie nicht versehentlich an einen anderen Kunden geschickt? Sie übersenden zwar keine „Grüße aus der Hölle", aber ohnmächtig wird man als Kunde vor Ärger manchmal schon, wenn es an solchen Kleinigkeiten scheitert. Denn in der Regel beansprucht es nur ein bisschen Mehraufwand, eine Sache ordentlich und richtig fertigzustellen.

Wer suchet, der findet

Auf einer Filialrundreise machte ich halt an einem Kiosk, um mir etwas zu trinken zu kaufen. Mit geschultem Blick bemerkte ich gleich, dass hier irgendetwas anders war. Die Zeitungen und Zeitschriften standen nahezu symmetrisch zueinander in den Regalfächern. An der oberen Kante hätte man praktisch eine Richtschnur entlang ziehen können. Ebenso die Getränke im Kühlschrank – alle Flaschen und Dosen sauber in einer Linie eingereiht. Das Gleiche bei den Zigaretten, Kaugummis und Schokoriegeln, alles stand in Reih und Glied. Selbst die Lottoscheine auf dem Stehpult waren millimetergenau gestapelt. Nichts lag irgendwo herum. So etwas hatte ich zuvor noch nicht gesehen, alles hatte seine Ordnung.

Natürlich sprach ich die Verkäuferin darauf an und lobte sie, dass alles so übersichtlich und akkurat aussah, obwohl der Laden doch ziemlich klein und durch die gute Lage stark frequentiert war. Sie erwiderte mit überzeugender Stimme: „Dann brauchen die Kunden nicht so lange zu suchen!"

Das war das Stichwort! Erst kürzlich hatte ich in einer Studie gelesen, dass wir durchschnittlich sechs Wochen im Jahr mit „Suchen" beschäftigt sind. Adressen, Rechnungen, Belege, Schlüssel, Handy, E-Mails, Kleidungsstücke oder sonst irgendwelche Sachen. Jeden Tag suchen wir irgendwas. Wenn Sie 90 Jahre alt werden, waren Sie also zehn Jahre davon mit Suchen beschäftigt. Was für eine Verschwendung wertvoller Lebenszeit! Dabei mögen wir es, wenn alles seine Ordnung hat. An der Weisheit unserer (Groß-)Eltern ist also etwas dran: „Ordnung ist das halbe Leben!".

Ordnung hat insofern einen doppelten Nutzen. Sie fühlen sich wohler, verschwenden weniger Zeit und der Kunde geht davon aus, dass seine Aufträge ebenso ordentlich ausgeführt wurden. Für Kunden wirkt es außerdem einladend und verkaufsfördernd, wenn alles schön übersichtlich ist. Es verlangt einfach nur ein wenig „Liebe zum Detail".

Literatur

Weidner J (2017) Optimismus: Warum manche weiter kommen als andere. Campus, Frankfurt

39

Halo-Effekt: Der Heiligenschein für Ihren Service

Ja, Sie haben richtig gelesen, „Halo" nur mit einem „l"! Denn „Halo" stammt in diesem Fall nicht von „Hallo", sondern aus dem Englischen, und bedeutet „Heiligenschein".

Psychologen haben herausgefunden, dass, wenn es um die (Gesamt-)Beurteilung von Dingen, Menschen, Ereignissen usw. geht, häufig nur ein (Schlüssel-)Erlebnis oder ein (Leistungs-)Merkmal ausschlaggebend für den Gesamteindruck ist. Dieses *überstrahlt* dann alle weiteren Eigenschaften. Deswegen „Heiligenschein".

> **Lebenszufriedenheit**
>
> In einem Experiment baten *Norbert Schwarz* und seine Mitarbeiter Probanden, einen Fragebogen über ihre Lebenszufriedenheit auszufüllen. Doch bevor sie sich dieser Aufgabe widmeten, sollten sie ein Blatt Papier für die Forscher fotokopieren. Die Hälfte der Befragten fand auf dem Kopierer ein Zehn-Cent-Stück, das von einem Mitarbeiter dort hinterlegt worden war. Dieser (vermeintlich) unbedeutende glückliche Vorfall führte zu einer deutlichen Verbesserung der berichteten Zufriedenheit der Probanden mit ihrem Leben insgesamt.
> (Kahneman 2014, S. 492)

Zahlreiche andere Experimente haben die Existenz des Halo-Effekts mehrfach bestätigt. Unser Gehirn macht es sich teilweise beängstigend einfach, wenn es um die Beurteilung komplexer Sachverhalte geht und bewertet gnadenlos das über, worauf es sich momentan fokussiert. Da es tagtäglich aber mit so vielen Eindrücken und Informationen konfrontiert wird, stellt dies eine ungemeine Entlastung dar. Es wäre ansonsten mit der Informationsflut aus der einströmenden Medienvielfalt völlig überlastet. Der Halo-Effekt sorgt für eine Leichtigkeit im Denken und für die Klarheit unserer Gefühle (Kahneman 2014, S. 248).

> Wir können uns den Halo-Effekt im Service zunutze machen, indem wir bei den Leistungsmerkmalen ganz besonders glänzen, für die der Kunde besonders empfänglich ist.

Wie gelingt es uns nun, genau den Nerv des Kunden zu treffen?

- Methode 1 ist ganz einfach und wird doch so oft vernachlässigt. Fragen Sie den Kunden einfach, was er erwartet: „Worauf legen Sie besonders viel Wert? Was hat Ihnen beim letzten Besuch bei uns besonders gut gefallen?" Kunden bzw. wir Menschen sind in der Regel furchtbar direkt, wenn sie nur gefragt werden!
- Methode 2 basiert auf Erkenntnisse aus Studien. Erbringen Sie eine zusätzliche Leistung, die der Kunde nicht erwartet. In der Kfz-Servicebranche wurde beispielsweise eine Untersuchung über die Qualität von Inspektionen durchgeführt. Bei einem Teil der Fahrzeuge wurden nach der Inspektion das Fahrzeug ausgesaugt, die Aschenbecher geleert und die Scheiben sauber gemacht. Bei der zweiten (Kontroll-)Gruppe dagegen nicht. Anschließend wurden die Kunden befragt, ob sie mit der Qualität der Arbeit zufrieden gewesen sind. Sie können es sich denken, obwohl qualitativ die gleiche Arbeit verrichtet wurde (eine gewöhnliche Inspektion), bewertete die Gruppe der Kunden mit den gesäuberten Fahrzeugen die Arbeit wesentlich besser als die Kunden in der Kontrollgruppe.

Neben dem Halo-Effekt gibt nach dem *Gesetz der Reziprozität* darüber hinaus einen Ausstrahlungseffekt, der anziehend wirkt. Oder anders gesagt: „Was du ausstrahlst, ziehst du an!"

> **Hinterhofwerkstatt**
>
> In der Kfz-Branche gab es einen Werkstattbetrieb, bei dem sah es aus wie in einem „Saustall". Es war dunkel, weil viele Lampen kaputt waren, schmutzig, unaufgeräumt. Es stank, die Mitarbeiter liefen kunterbunt gekleidet herum, teilweise mit kurzen Hosen, im Laden, in der Werkstatt und sogar an der Kasse wurde geraucht. Die Ware lag verdreckt neben vielen aufgerissenen Verpackungen auf dem Boden. Einfach schlimm, furchtbar! Heute gibt es den Betrieb nicht mehr, das Unternehmen ging Konkurs.

Raten Sie mal, was dort für Kunden herumliefen bzw. welche Autos auf den Bühnen waren: Kaum ein Fahrzeug war jünger als 15 Jahre, die Kunden achteten mehr auf den Preis als auf die Qualität und der Umgangston war eher rau. Ein typisches Beispiel für den Reziprozitätseffekt.

> „Was du ausstrahlst, ziehst du an!" Nach dem Gesetz der Reziprozität bekommt jeder die Kunden, die er verdient.

Wenn wir qualifiziert auftreten, haben wir auch qualifizierte Kunden, die uns in der Regel natürlich auch höhere Auftragswerte bescheren. Denn im Service ist der zeitliche Aufwand, um einen Kunden zu bedienen, nicht selten unabhängig vom Auftragswert, weil die Arbeit für die Auftragserstellung, Disposition, Rechnungsstellung etc. im Prinzip etwa gleich ist. Nur der Ertrag ist bei „qualifizierten Kunden" deutlich höher, ebenso die Bereitschaft, zusätzliche Services in Anspruch zu nehmen. Aus diesem Grund ist es (über)lebensnotwendig, dass wir professionell, sauber und ordentlich auftreten, damit wir auch einen hohen Anteil an Kunden anziehen, die bereit sind, für unseren Service zu bezahlen. Es ist demzufolge ein Stück unserer Daseinsberechtigung. Service-Exzellenz heißt in diesem Sinne, jeden Tag wie bei einer Neueröffnung aufzutreten. Damit verleihen Sie sich und Ihrem Service einen wahren „Heiligenschein".

Literatur

Kahneman D (2014) Schnelles Denken, langsames Denken. Pantheon, München

40

Ziele (und Umwege): Was will der Kunde wirklich?

Unser menschliches Leben ist nicht auf Abkürzungen programmiert. „Wer Umwege geht, so heißt es, sieht mehr von der Landschaft!", wie man am Beispiel der folgenden Geschichte erfährt, die der Philosoph *Richard David Precht* in seinem lesenswerten Werk über „Jäger, Hirten und Sammler" mit eingearbeitet hat:

> **Einmal nach Inari**
>
> In dem deutsch-finnischen Film *Zugvögel – Einmal nach Inari* gibt es eine sehr berührende Szene: Der Lastwagenbeifahrer Hannes lebt ein ziemlich einsames Leben. Unattraktiv, schüchtern und ohne Freunde hat er sich mit seiner eigenen kleinen Welt arrangiert. Er studiert Kursbücher der Eisenbahnen und lernt alle Fahrpläne auswendig. Sein Ziel ist der erste Internationale Fahrplan-Wettbewerb in Inari, einem kleinen Ort in Lappland, den er unbedingt gewinnen will.
>
> Auf einer Bahnfahrt zum Wettbewerb lernt er eine schöne Frau kennen, die Finnin Sirpa, die sich darüber wundert, dass Hannes ausgerechnet mit dem Zug nach Inari fährt. Das ist zwar die kürzeste Strecke, aber gewiss nicht der schönste Weg. Der führt nämlich, wie Sirpa ihm erzählt, durch Nordschweden über Haparanda und weiter über das Meer. Hannes verliebt sich Hals über Kopf in die bezaubernde Sirpa … Als er schließlich am Wettkampf um den Preis des größten Fahrplanexperten teilnimmt, führt er vor der

> letzten Frage mit großem Vorsprung. Die letzte Frage lautet: „Was ist der beste Weg nach Inari?" Hannes zögert. Statt die kürzeste Verbindung anzugeben, nennt er die schönste, den Weg über Haparanda, den Sirpa ihm genannt hat. Die Antwort kostet ihn den Sieg, denn wie Hannes weiß, bedeutet „der beste" Weg für die Preisrichter „der kürzeste". Doch mit Sirpa im Publikum kann Hannes den kürzesten Weg nicht länger für den besten halten. Er verliert den Wettkampf, auf den er sich so lange vorbereitet hatte, aber er erobert Sirpas Herz (Precht 2018, S. 173–174).

Jeder von uns weiß, dass man selten mit dem „Kopf durch die Wand" schneller zum Ziel kommt, als wenn man ein paar Schlenker dreht. Und manchmal muss man im wahrsten Sinne des Wortes auch „ein Auge zudrücken", um das Ziel besser ins Visier nehmen zu können. Machen Sie sich daher stets die Mühe, den Kunden dort abzuholen, wo er sich gerade gedanklich befindet. Das ist häufig sehr mühsam und kostet Zeit, aber wenn Sie Ihr Ziel im Auge behalten, was für den Kunden am Ende das Beste ist, werden Sie es auch über ein paar Umwege erreichen. Denn „der Langsamste, der sein Ziel nur nicht aus den Augen verliert, geht immer noch geschwinder, als der ohne Ziel herumirrt" (Lessing 2018, S. 379).

Was will der Kunde wirklich? Was haben Sie sich vorgenommen? Harmonieren Ihre Vorstellungen mit denen Ihrer Kunden?

> Der Kunde möchte gar keine Produkte, er sucht nach Lösungen für seine Probleme. Das ist sein wahres Ziel. Überlegen Sie also bei jedem Produkt, das der Kunde nachfragt, welches (wahre) Bedürfnis dahinter steckt.

Wir sind viel zu häufig in vorgefertigten Lösungen oder Produkten verhaftet. Das führt dazu, dass wir nicht zum Ziel kommen, weil wir den eigentlichen Wunsch des Kunden nicht erfüllen. Wir müssen hinter die Kulissen schauen, um sein wahres Bedürfnis herauszubekommen. Ein banales Beispiel: Der Kunde will eigentlich keine Bohrmaschine, er will das Loch in der Wand, um den Dübel mit Haken für das Bild anzubringen, das er aufhängen möchte. „Wenn es den Haken ohne Bohren gäbe, dann würde er diesen kaufen." Wenn Sie das bei Ihrem Geschäftsmodell beherzigen, haben Sie nicht nur die Voraussetzungen geebnet, ein erfolgreiches

Unternehmen zu werden, sondern Sie erbringen auch einen exzellenten Service, weil Sie genau den Nerv des Kunden treffen und sein wahres Bedürfnis befriedigen. Viele erfolgreiche Start-ups gehen bei der Zielausrichtung für ihr (innovatives) Geschäftsmodell genau so vor. Das nennt man dann „totale Kundenorientierung".

Insofern lassen Sie sich auch durch Geschäftspartner oder sonstige Kollegen nicht verunsichern, wenn Sie davon überzeugt sind, dass der „bewährte Weg" in Ihrem Fall nicht der richtige ist. Service-Exzellenz heißt nicht immer unbedingt den vermeintlich direkten Weg zu nehmen, sondern vielmehr jenen, der *zum Herzen des Kunden* führt.

Literatur

Lessing G (2018) Zitate für Manager. Zit. nach Springer Fachmedien (Hrsg). Springer, Wiesbaden

Precht RD (2018) Jäger, Hirten, Kritiker: Eine Utopie für die digitale Gesellschaft. Goldmann, München

41

Kundenperspektive: Der Verantwortungs-Irrglaube

Je nach Perspektive haben wir Menschen eine unterschiedliche Wahrnehmung darüber, wer in welchem Umfang zum Erfolg einer Handlung beigetragen hat. Denn „der Erfolg hat viele Väter, der Misserfolg bleibt Waise". Unsere eigenen Anstrengungen gewichten wir meistens etwas höher als die von anderen.

> **Hausarbeit**
> Psychologen aus Kanada haben Paare gebeten, den zeitlichen Aufwand einzuschätzen, den jeder Partner für die Beziehung einbringt. Es sollten sämtliche Aktivitäten einbezogen werden, also von der Zubereitung des Abendessens, Hinausbringen des Mülls, Tätigen von Einkäufen, Reinigen der Wohnung, Wäsche waschen und bügeln, Organisieren von Festivitäten oder Verabredungen, das Erledigen von Haus- oder Mietsachen, einfach alles. Die Frage lautete: „Wie groß ist der Anteil in Prozent, den Sie von all diesen Arbeiten in Ihrer Beziehung übernehmen?" (Bevor Sie weiterlesen, können Sie kurz einmal für sich überlegen, welchen Prozentsatz Sie in Ihrer Beziehung übernehmen.)
> Sagen wir, Sie beanspruchen die Verantwortung für 55 Prozent des Gesamtaufwandes in Ihrer Beziehung. Wenn Sie perfekt aufeinander abgestimmt sind, beansprucht Ihr Partner die restlichen 45 Prozent und Ihre Einschätzungen summieren sich auf 100 Prozent.

> In Wirklichkeit, so fanden die Psychologen heraus, ergeben die Schätzungen von fast allen Paaren erheblich mehr als 100 Prozent, nicht selten sogar 140 Prozent. Das heißt, die Partner überschätzen ihren eigenen Beitrag enorm. Für diesen Fehler sind die „Nehmer" in den Beziehungen, also die weniger als 50 Prozent verantworten, besonders anfällig. Das nennt man dann „Verantwortungs-Irrglauben", die Überbewertung unserer eigenen Beiträge im Verhältnis zum Input anderer (vgl. Grant 2016, S. 132–134).

Diesen Irrglauben gibt es nicht nur in Paarbeziehungen, sondern auch im Beruf, in Kooperationen, in Vereinen und auch in der Einschätzung von Serviceleistungen. Denn unsere eigenen Bemühungen sind uns selbst stets bestens bewusst, aber die Bemühungen unserer Partner, Kollegen oder Dienstleister bekommen wir dagegen nur zum Teil mit. Der Verantwortungs-Irrglaube tritt also insbesondere dann auf, wenn, und vor allem weil wir mehr Informationen über unsere eigenen Beiträge als über die der anderen haben.

> Mit dem Wissen um diese Perspektiven-Kluft ist es im Service daher wichtig, dass Sie dem Kunden Ihre erbrachten Leistungen aktiv kommunizieren und diese nicht als selbstverständlich voraussetzen. Sagen Sie dem Kunden ausführlich, was Sie oder Ihre Kollegen alles für ihn getan haben.

Erklären Sie dem Kunden, welche Tätigkeiten im Detail zu der angebotenen Dienstleistung gehören. Insbesondere wenn die Serviceleistung nicht vor seinem Angesicht erfolgt, ist es umso wichtiger, dass der Kunde die Aktivitäten genau erklärt bekommt. Hätten Sie gewusst, welche Teilschritte zu einem Reifenwechsel gehören? Fahrzeug auf die Bühne fahren, Sitz- und Lenkradschoner auflegen, Räder abschrauben, ggf. Felgenschloss entsichern, Radnabe säubern, Reifen auf die Felge ziehen, Rad auswuchten, Räder wieder anschrauben, Radschrauben anziehen und mit Drehmomentschlüssel Anziehungskraft überprüfen, Felgenschloss sichern, Radzierblende aufstecken, Luftdruck überprüfen, ggf. korrigieren, gewechselte Räder säubern und in Reifensäcke verpacken, ggf. einlagern, Eintrag im Serviceheft, ggf. Bordcomputer melden, Fahrzeug von der Bühne nehmen, Sitz- und Lenkradschoner wieder entfernen, ggf.

Geschwindigkeits-Warnhinweis anbringen, Fahrzeug dem Kunden übergeben … Der Preis von nicht einmal zwölf bis 15 Euro pro Rad klingt bei dem ganzen Aufwand dann fast schon beschämend und wird vom Kunden sicherlich nicht mehr infrage gestellt. Genauso verhält es sich mit vielen anderen Serviceleistungen aus Ihrem Programm.

In vielen Branchen hat sich der Begriff „Dialogannahme" dafür durchgesetzt, wenn der Kunde die Serviceleistung an seiner Sache sogar (kommunikativ) begleiten bzw. mit anschauen darf. Gegenüber dem Kunden wirkt es in dieser Situation wie eine vertrauensbildende Maßnahme, wenn Sie z. B. sein Auto oder seine Waschmaschine hin und wieder loben: „Ihr Fahrzeug (Ihre Waschmaschine) ist für sein Alter noch gut in Schuss!" „Dieses Modell war eine gute Wahl!" So bekommt der Kunde ein gutes Gefühl, dass sich die Investition in eine Reparatur auch lohnt. Die Zeit, die Sie in eine „Dialogannahme" investieren, bekommen Sie doppelt zurück, weil der Kunde die notwendigen Reparaturen in der Regel unmittelbar in Auftrag gibt und Sie sich zeitaufwändiges Erklären, Zurückrufen, neuen Auftrag schreiben usw. ersparen.

Und da es wohl noch keine „Eheberatung mit Kunden" gibt, ist es im Sinne eines exzellenten Service immer besser, dem Kunden die Serviceschritte genau zu erläutern, als dass die Beziehung wegen „Irrglauben" über die erbrachte Leistung irgendwann infrage gestellt wird oder gar zu Ende geht.

Literatur

Grant A (2016) Geben und Nehmen: Warum Egoisten nicht immer gewinnen und hilfsbereite Menschen weiterkommen. Droemer, München

42

Termintreue: Zeit ist nicht Geld, sondern Leben

Kein Mensch wartet gerne. Zeit ist unser wertvollstes Gut. In diesem Sinne ist jeder von uns gleich, denn jedem von uns stehen 24 Stunden am Tag zur Verfügung. Egal, wie viel Geld, Autos oder Uhren Sie haben, es bleiben immer 24 Stunden oder 1440 Minuten am Tag.

> **Kundenaussperrung**
>
> An einem Samstagmorgen habe ich das wunderschöne Frühlingswetter dazu genutzt, die aufgehende Sonne zusammen mit einem guten Buch auf einer Bordsteinkante vor unserem Betrieb zu genießen. Die morgendliche Sonne hat mich regelrecht aus dem Büro gezogen. Ohne dass ich dies beabsichtigt hatte, konnte ich dabei beobachten, wer wann zur Arbeit erschien und wie sich die Kunden vor der Tür langsam sammelten und „auf Einlass" warteten. Dabei wurde mir wieder bewusst, dass man aus serviceorientierter Sicht nicht von Öffnungszeiten, sondern treffender von „Kundenaussperrungszeiten" sprechen sollte. Denn es bildete sich schon sehr bald eine kleine Traube vor dem Eingang und man spürte die Ungeduld von weitem.

„Zeit ist Geld", sagt man im Volksmund immer so lässig, aber das ist nicht ganz richtig. Denn Zeit ist Leben! Geld kann erarbeitet werden, Leben ist dagegen unwiderruflich vorbei. Zeit totschlagen – wie beim Warten vor einer verschlossenen Türe – ist demzufolge wie „Selbstmord"; man nimmt sich mit jeder Minute ein bisschen das Leben.

> Respektieren Sie daher die Zeit (das Leben) Ihrer Kunden ganz besonders und halten Sie vereinbarte Termine unbedingt ein!

Besser, Sie sind etwas überpünktlich als zu spät. Unabhängig davon, was auf dem Öffnungszeitenschild steht oder was auf Ihrer Website für Öffnungszeiten angegeben sind, sollten Sie die Eingangstür, Ihren Telefonservice, Ihren Ticketschalter usw. daher stets etwas früher öffnen.

Sobald Sie die (Computer-)Systeme hochgefahren haben, sind Sie doch einsatzbereit. Warum nicht ein paar Minuten früher öffnen? Bei den Kunden kommt das ungemein gut an. Er fühlt sich wertgeschätzt und empfindet das als exzellenten Service. Für Sie ist es im Prinzip auch keine Mehrarbeit, da alle (wartenden) Kunden früher oder später sowieso bedient werden müssen. „Was du tust, wenn du Zeit hast, brauchst du nicht mehr zu tun, wenn du keine Zeit hast!", lautet eine Lebensweisheit. Und weil die Zeit so ein kostbares Gut ist, sollten wir die Zeit des Kunden grundsätzlich wertschätzen. Er wird es uns im Gegenzug sehr danken. Kundenzufriedenheitsanalysen haben immer wieder ergeben, dass die pünktliche Fertigstellung, die schnelle Bedienung und geringe Wartezeiten als positive Merkmale benannt wurden. Lange Wartezeiten (auch am Telefon) und nicht termingerechte Fertigstellungen wurden dagegen übermäßig kritisch bewertet, obwohl die Qualität der Arbeit ansonsten in Ordnung war.

Jeder Mensch klagt in mehr oder weniger großen Umfang darüber, dass er „keine Zeit" hat. Selbst Rentner beschweren sich häufig über Zeitmangel, was auch als „Rentner-Syndrom" bekannt ist. „Zeit ist der Stoff, aus dem unser Leben ist", tituliert *Stefan Klein* in Anlehnung an *Benjamin Franklin* sein Buch über die Gebrauchsanleitung im Umgang mit der Zeit (Klein 2018). Er empfiehlt darin, die eigene Aufmerksamkeit auf die vermeintlich kleinen Dinge im Leben zu schulen. Dadurch lernen wir, in der Gegenwart zu leben, die Gegenwart anderer Menschen wertzuschätzen, was im Service so immanent wichtig ist. Denn ob der Kunde alt oder jung, arm oder reich ist, spielt im Hinblick auf den Zeitfaktor im Service keine Rolle. Für jeden von uns steht der Sekundenzeiger an derselben Stelle und das Zeitempfinden ist in hohem Maße subjektiv. Wir alle leben in derselben Gegenwart und schätzen daher Termintreue und Pünktlichkeit.

Zeit ist also das Wertvollste, was wir einem Menschen schenken können. Wenn wir pünktlich sind, uns an Terminvorgaben halten, drücken wir damit unsere Wertschätzung dem Anderen gegenüber aus, indem wir in diesem Moment kundtun: „Deine Zeit ist mir genauso wichtig wie meine eigene!" Das gilt gleichermaßen gegenüber Kollegen, Freunden, Familienmitgliedern und natürlich auch gegenüber Kunden, die uns sogar dafür bezahlen. Philosophisch gesehen arbeiten wir also, um der Zeit für uns und anderen einen Wert zu geben, ganz im Sinne von *Augustinus*. Machen Sie sich das auch stets in Ihren Teams bewusst: „Ihr seid die Zeit – seid Ihr gut, sind auch die Zeiten gut!" (Augustinus 1914).

Literatur

Augustinus Aurelius (1914) Bekenntnisse. (Confessiones), 397–401. XI, 26. Aus dem Lateinischen übers. von Dr. Alfred Hofmann. (Bibliothek der Kirchenväter, 1. Reihe, Bd. 18; Augustinus Band VII). München

Klein S (2018) Zeit. Der Stoff aus dem das Leben ist. Eine Gebrauchsanleitung. S. Fischer, Frankfurt am Main

43

Versunkene Kosten: (Emotionale) Schadensbegrenzung leisten

Wir Menschen verhalten uns teilweise ziemlich irrational, wenn es um die Bewertung von einmal getätigten Investitionen geht. Offensichtlich führen wir in uns eine Art „mentaler Buchführung", selbst bei alltäglichen Konsumausgaben.

> **Mentale Buchhaltung**
>
> Sie kaufen ein Paar teure Markenschuhe. Auch wenn sie nicht so hundertprozentig passen, kaufen Sie die Schuhe nicht zuletzt, weil sie im Angebot sind. Der Preis ist zwar immer noch ziemlich hoch, aber der Reiz überwältigt Sie. Sie tragen sie voller Stolz zur Arbeit, doch um die Mittagszeit tun Ihnen die Füße weh. Nachdem es Ihren Füßen am nächsten Tag wieder besser geht, probieren Sie die Schuhe erneut an, dieses Mal nur für einen Abend, aber es schmerzt immer noch …
>
> Angenommen, die Schuhe sitzen nie bequem, wie häufig werden Sie die Schuhe tragen, bevor Sie aufgeben? Und nachdem Sie aufgehört haben, sie zu tragen, wie lange werden Sie die Schuhe im Schrank aufbewahren, bevor Sie sie endgültig wegwerfen oder spenden?
>
> Wenn Sie sich so verhalten, wie die meisten Menschen, hängen Ihre Antworten davon ab, wie viel Sie für die Schuhe ausgegeben haben. Je mehr Sie gezahlt haben, umso mehr Schmerzen werden Sie ertragen, bevor Sie dem Leid ein Ende setzen (vgl. Thaler 2018, S. 98–99).

Das gleiche Verhalten zeigt sich typischerweise für das Training in Fitness-Studios. Nach der Zahlung des Jahresbeitrags erfolgen die Trainingseinheiten noch recht regelmäßig. In den folgenden Monaten lässt es dann jedoch nach. Das gleiche Phänomen kann man beim Kauf von Jahreskarten (Abonnements) für Schwimmbad oder Theater und selbst bei Fußball-Dauerkarten beobachten. Im Laufe der Zeit findet eine „Zahlungsentwertung" des einmal gezahlten Beitrages bzw. der Anschaffung statt. Die Wirtschaftswissenschaftler sprechen hierbei auch von „versunkenen Kosten". Denn wenn das Geld einmal ausgegeben wurde und im Anschluss nicht wiedererlangt werden kann, handelt es sich um „versunkenes" bzw. verlorenes Geld (Thaler 2018, S. 96). Statt jedoch den Verlust einfach hinzunehmen, wenn man keinen Gefallen oder Nutzen mehr an der Anschaffung sieht, tendieren wir dazu, an dem einmal Erworbenen so lange wie möglich festzuhalten. Es findet eine Art „emotionaler Schadensbegrenzung" statt.

> Wenn es Ihnen gelingt, Zeitkarten, Sparpakete oder sonstige Service-Abos zu verkaufen, können Sie mit ziemlicher Sicherheit davon ausgehen, dass der Kunde diese auch ausnutzen („entwerten") möchte.

Um sich mental nicht zu belasten, werden die meisten Käufer von Zeitkarten, Abonnements und dergleichen sogar Wettbewerbsangebote ignorieren, selbst wenn diese objektiv manchmal attraktiver sind als Ihr Angebot. Verschleißanfällige Produkte sind beispielsweise geradezu prädestiniert dafür, Wartungsverträge abzuschließen. Teilweise genügt es auch – wie bei dem Jahresbeitrag von *Amazon-Prime* – nur einen Teilbereich der Leistung im Voraus einzufordern, in diesem Fall die kostenlose Zustellung. Der Kunde wird seine Investition wieder amortisieren wollen.

Versunkene Kosten erleben wir ebenfalls beim Budgetdenken, wenn wir gedanklich in unserer mentalen Buchführung einen Betrag für bestimmte Zwecke zurücklegen („einbuchen"). In früheren Zeiten, als die Löhne noch in bar in „Lohntüten" am Wochen- oder Monatsende ausgezahlt wurden, haben Familien nicht selten Umschläge gehabt, in denen sie das „budgetierte Geld" für Miete oder Lebensmittel zur Seite gelegt hatten. Heutzutage werden Mieten abgebucht oder eingezogen, aber insbesondere bei den Ausgaben für das Kraftfahrzeug erleben wir auch gegenwärtig noch ein ausgeprägtes Budgetdenken. Wenn beispielsweise die Benzinpreise deutlich steigen, werden nachweislich die Ausgaben für Inspektion, Wartung oder Reparatur hinausgezögert. Der Budgeteffekt konnte von Psychologen auch wiederholt in Experimenten nachgewiesen werden.

> **Budgetdenken**
>
> Die Psychologen *Chip Heath* und *Jack Soll* fragten zwei Gruppen von Versuchspersonen, ob sie bereit wären, eine Eintrittskarte für eine Theatervorstellung am Wochenende zu kaufen. Einer Gruppe wurde gesagt, sie hätten in der Woche schon 50 Dollar für ein Basketballspiel ausgegeben, während der anderen Gruppe gesagt wurde, sie hätten in der Woche einen Strafzettel über 50 Dollar für zu schnelles Fahren erhalten. Von denjenigen, die bereits zu einer Freizeitveranstaltung gegangen waren, wollten deutlich weniger die Theatervorstellung besuchen. Das Freizeitbudget war offensichtlich bereits ausgeschöpft (Thaler 2018, S. 109).

Umso wichtiger ist es, dass wir uns als Servicebetrieb möglichst im Vorfeld einen festen Anteil an den jeweiligen (fiktiven) Budgets der Kunden sichern. Denken Sie also für Ihren Betrieb darüber nach, welche Service-Leistungspakete Sie kreieren könnten. Schließlich soll es bei Ihnen eher zu einer Zahlungsaufwertung statt zu einer -entwertung kommen!

Literatur

Thaler R (2018) Misbehaving: Was uns die Verhaltensökonomik über unsere Entscheidungen verrät. Siedler, München

44

Entscheiden: Weniger ist häufig mehr

Hohe Aufmerksamkeit hat in der Handelspsychologie das Experiment von *Sheena Iyengar* und *Mark Lepper* erfahren, das als das „Marmeladen-Paradoxon" in die Fachliteratur eingegangen ist und im Folgenden kurz dargestellt wird (Hurth 2006):

> **Das Marmeladen-Paradoxon**
> In einem Delikatessengeschäft konnten sich die Kunden kleine Toastbrote nehmen und verschiedene Marmeladen probieren und kaufen. Mal waren 24 Sorten im Angebot, ein anderes Mal nur sechs. An beiden Ständen kosteten die Kunden gern. An dem Stand mit den 24 Sorten kauften zwei Prozent der Kunden, die vorher probiert hatten, danach auch ein Glas. An dem viel kleineren Stand aber kauften zwölf Prozent der Probierkunden, also sechs Mal so viel!
> Dieses Experiment wurde von den Versuchsleitern vielfach modifiziert und wiederholt, es blieb stets bei dem gleichen Ergebnis: Wenn es zu kompliziert wird, sich zu entscheiden, entscheiden sich die meisten Menschen lieber gar nicht (Iyengar und Lepper 2000).

Menschen bzw. Kunden fühlen sich schnell überfordert, wenn die Auswahl zu unübersichtlich wird. *Entscheiden heißt nun einmal verzichten.* Aber bevor wir verzichten, entscheiden wir uns lieber gar nicht. Das klingt absurd, trifft aber häufig zu. So kann es passieren, dass beispielsweise durch Zugaben ein teures Produkt abgewertet wird, weil der Kunde den Wert der Ware nicht mehr nachvollziehen kann. Eine Entscheidung zu treffen, stellt für viele Menschen eine Stresssituation dar. Wir dürfen den Kunden mit unserem Angebot daher weder verwirren noch überfordern.

Sind wir dagegen gezwungen, eine Entscheidung zu treffen, obwohl wir die Lage nicht mehr überblicken, neigen wir dazu, uns der Mehrheitsmeinung anzuschließen. Auch das ist paradox, denn je komplizierter es wird, desto weniger bemühen wir uns und weichen auf einfache Faustregeln aus (Kahneman 2014, S. 195–207) oder wir schließen uns Meinungsführern an. Das Marketing macht sich diese Erkenntnisse regelmäßig zunutze, wenn sie Meinungsführer, sogenannte Testimonials, in der Werbung einsetzt, um damit den Entscheidungsprozess der Abnehmer zu beeinflussen. „Wenn Steffi Graf das benutzt, wird es wohl gut sein." Bei der Warenpräsentation, im persönlichen Beratungsgespräch oder sonstigen Auswahlkatalogen sollten Sie sich dieser Erkenntnis aber ebenso bewusst sein. Weniger ist mehr!

> Entscheiden heißt verzichten, und das fällt vielen Menschen schwer. Helfen Sie dem Kunden durch plausible Argumente bei der Vorauswahl. Begründen und argumentieren Sie diese plausibel, sodass der Kunde das gute Gefühl hat, am Ende zwischen den für ihn relevanten Produkten wählen zu können.

Stellen Sie ein paar gezielte Fragen zum Verbrauchsverhalten des Kunden, um eine qualifizierte und vor allem fokussierte Beratung vornehmen zu können. Wichtig ist dabei aber trotzdem, dass der Kunde weiterhin entscheiden kann. Diese Hoheit dürfen wir ihm nicht nehmen, ansonsten könnte bei ihm eventuell das ungute Gefühl zurückbleiben, überrumpelt worden zu sein. Überspitzt gesagt: Lassen Sie ihn lieber zwischen zwei gleichen Dingen wählen als gar nicht.

Zu guter Letzt spielt auch die Tageszeit bei der Frage eine Rolle, wie entscheidungsfreudig der Kunde unseren Empfehlungen folgt oder eben nicht. So haben Forscher selbst bei professionellen Kapitalmarktanalysten beobachtet, dass deren Prognosen immer weniger auf durchdachte Entscheidungsregeln basieren, je weiter der Tag fortgeschritten war und umso mehr Prognosen ein Analyst am Tag bereits abgegeben hatte. Diese Entscheidungsmüdigkeit kann man sich vereinfacht dadurch erklären, dass das Gehirn wie ein Muskel funktioniert: Je mehr Entscheidungen wir bereits getroffen haben, desto erschöpfter wird unser Gehirn und umso mehr greifen wir auf vereinfachte Lösungen (Angebote) zurück (Beck 2018).

Literatur

Beck H (2018) Wenn das Gehirn müde wird. Frankfurter Allgemeine Sonntagszeitung, Nr. 23, 10 Juni 2018

Hurth J (2006) Angewandte Handelspsychologie. Kohlhammer, Stuttgart

Iyengar SS, Lepper MR (2000) When choice is demotivating: can one desire too much of a good thing? J. Personal. Soc. Psychol. 6:995–1003

Kahneman D (2014) Schnelles Denken, langsames Denken. Pantheon, München

45

Knappheitsprinzip: Preise dynamisch und fair gestalten

In vielen Situationen hängt die wahrgenommene Fairness einer Handlung nicht davon ab, wem sie nützt oder schadet, sondern wie sie dargestellt wird.

> **Lieferengpass**
>
> Bei einem neuen Pkw-Modell besteht aufgrund seiner Beliebtheit ein Lieferengpass, sodass die Kunden derzeit zwischen vier bis sechs Monate darauf warten müssen. Ein Autohändler, der bekannt dafür ist, dass er die Fahrzeuge des betreffenden Herstellers immer etwa zehn Prozent unter dem Listenpreis anbietet, verlangt für seine Bestandsfahrzeuge nunmehr einen Aufpreis von 500 Euro, was etwa dem Listenpreis entspricht. Bei der routinemäßig durchgeführten Zufriedenheitsabfrage haben 71 Prozent der Kunden dies als unfair bewertet.
>
> Ein anderer Autohändler derselben Fahrzeugmarke verkauft dieses Modell von vorneherein (nur) zum Listenpreis. Bei der gleichen Zufriedenheitsabfrage des vom Hersteller beauftragen Marktforschungsinstituts empfinden nur etwa 40 Prozent der Kunden die Preisstellung des Händlers als unfair (Thaler 2018, S. 177).

Preise können angepasst werden, wenn eine Ware knapp wird. Verhaltenswissenschaftliche Untersuchungen zeigen in zunehmendem Maße, dass dynamische Preisgestaltungen aufgrund von Kapazitätsengpässen durchaus von den Kunden akzeptiert werden, wenn sie ein bestimmtes Maß nicht überschreiten (Thaler 2018, S. 173–189). Preiszuschläge von 50 Prozent, in einigen Fällen sogar bis zu 100 Prozent, wie bei Flug-, Bahn- oder Hotelbuchungen, werden fast schon als normal hingenommen, wenn man sich in der Hauptreisezeit befindet. Wir haben uns als Kunden daran gewöhnt, dass bei knapper werdenden Kapazitäten (Ressourcen) die Preise steigen, und empfinden das in gewisser Weise auch als fair.

Oder sollte man knappe Produkte nicht ohnehin am besten meistbietend versteigern? Mal ehrlich, es tut Ihnen doch im Herzen weh, wenn Sie das letzte Produkt, das letzte Zimmer oder die letzte Servicestunde einfach nur zu dem abgedruckten „Kurs" aus der allgemeinen Preisliste „verschenken". Die Gewinnspanne ließe sich durch Auktionen häufig vervielfachen. Wenn man bedenkt, wie oft wir im Wettbewerb in Form von Preisnachlässen „Federn lassen" müssen, wäre das doch nur ein gerechter Ausgleich, oder?

Wann steigt typischerweise eigentlich der Preis bei einer Auktion? Welche Gesetzmäßigkeit steckt dahinter? Na klar, immer wenn ein Produkt knapp wird, zieht der Preis an. Manchmal astronomisch, wenn es gar einzigartig ist, wie seltene Oldtimer, ein einmaliges Kunstwerk oder dergleichen. Gibt es keine Auktion, bildet sich sehr schnell ein Schwarzmarkt, wie Sie das bestimmt schon einmal bei begehrten Fußball- oder Konzertkarten erlebt haben.

Im digitalen Zeitalter sind die Computersysteme in der Lage, Angebot und Nachfrage laufend aufeinander abzustimmen und somit stets den „marktgerechten" Preis auszuweisen. Eine derart dynamische Preisgestaltung ermöglicht eine lehrbuchartige Optimierung der Erlöse bzw. Erträge im Sinne der Preis-/Absatzfunktion.

In taktischer Hinsicht wird das Knappheitsprinzip insbesondere von den Internetanbietern gerne angewendet, wenn Sie beim Klicken zu lesen bekommen: „Nur noch wenige Teile am Lager!", „Nur noch zwei Karten verfügbar!", „Letztes Zimmer, letzter Flug zu diesem Preis!" usw. Man nennt das im Fachjargon „Yield-Management", eine EDV-gestützte Optimierung von Preisen unter Berücksichtigung von

verfügbaren Kapazitäten. In der Regel wird Ihnen für die Entscheidung nur eine kurze Bedenkzeit eingeräumt.
Die psychologische Wirkung des Knappheitsprinzips besteht darin, dass es für uns ein Verlust von Freiheit bedeutet. Wir können es absolut nicht ausstehen, wenn Möglichkeiten, die einmal bestanden, nicht mehr vorhanden sind. Oft schließt man gerade dann erst etwas ins Herz, wenn man erkennt, dass man es verlieren könnte. Auf einmal drehen sich Ihre Gedanken nur noch um dieses vermeintlich letzte Stück. Das haben Sie bestimmt im Schlussverkauf schon einmal erlebt.

> Wenn Sie also knappe Ware (oder Dienstleistungen) im Angebot haben, sollten Sie das dem Kunden unbedingt kundtun und versuchen, den Auftrag im Vorfeld abzuschließen!

„Für den Wagen interessieren sich bereits mehrere Personen!", „Momentan habe ich noch genau eine Werkstattbühne frei!" oder „Der dafür spezialisierte Mechaniker geht nächste Woche in Elternzeit!" Ein probates Mittel ist auch die Vorauszahlung: „Gegen eine Anzahlung von 100 Euro würde ich Ihnen den letzten Satz Winterreifen trotz des angekündigten Wintereinbruchs noch sichern." Dadurch wird bereits ein verbindlicher Kauf- oder Werkvertrag geschlossen, den die wenigsten Kunden im Anschluss wieder stornieren. Auch das ist fair.

Literatur

Thaler R (2018) Misbehaving: Was uns die Verhaltensökonomik über unsere Entscheidungen verrät. Siedler, München

Teil VI

Transformation

Service im Zeitalter der digitalen Transformation bedeutet, immer spezifischer auf die individuellen Bedürfnisse der Kunden einzugehen. Kein „Gießkannenprinzip" mehr. Denn mithilfe der neuen Technologien sowie der Kenntnis von individuellem Verbrauchs- und Nutzungsverhalten können die Servicebedarfe quasi vorausberechnet werden. Mit zunehmender Durchdringung der „Künstlichen Intelligenz" erwartet es der Kunde in Zukunft sogar, dass man ihn auf drohende Verschleiß- oder Reparaturanlässe im Vorfeld aufmerksam macht. „Ihr habt doch meine Daten, warum meldet Ihr Euch nicht?", wird er ggf. verständnislos erwidern, wenn Sie ihn beispielsweise mit überfälligen Wartungen konfrontieren.

In Vorbereitung auf das neue Zeitalter müssen Servicebetriebe bereit sein, ihre Prozesse zu verändern und diese transparenter und flexibler für den Kunden zu gestalten. Das setzt Mut zum Wandel der verantwortlichen Akteure voraus.

Zur Transformation zählt ebenfalls, sich den neuen Rahmenbedingungen zu stellen. Die Kunden werden immer anspruchsvoller. Dazu zählt beispielsweise auch der Aspekt der Nachhaltigkeit. Schließlich geht es um unsere Zukunft, und in dieser gedenken wir nun einmal alle zu leben. Insofern ist das nachhaltige Wirtschaften nicht nur ein wichtiger Bestandteil im Transformationsprozess, sondern ebenso ein Teil von Service-Exzellenz!

46

Transformation: Mut zum Wandel

Veränderungen hat es schon immer gegeben. Sonst würden wir heute noch in Höhlen leben. Die Hauptursache für Veränderungen im Leben ist das Bestreben von Menschen, Dinge zu verbessern, zu vereinfachen, sich das Leben angenehmer zu gestalten. Doch Veränderungen verunsichern auch. Dies wird in beeindruckender Weise in der Neuübersetzung von *Charles Darwins* „Der Ursprung der Arten" zum Ausdruck gebracht (Darwin 2018):

> **Evolutionstheorie**
>
> Der britische Evolutionsbiologe und Naturforscher *Charles Darwin* reiste um 1850 im Rahmen einer Forschungsexpedition mehrere Jahre zwischen den Galapagos-Inseln westlich des südamerikanischen Kontinents hin und her. Über die Jahrtausende hatten sich die vulkanischen Inseln in Flora und Fauna leicht verändert und er machte die Entdeckung, dass sich insbesondere die Finkenarten der jeweiligen Inseln in ihrer Schnabelform unterschieden, und zwar so, dass diese optimal zu den Bedingungen der Nahrungsaufnahme passte. Zu jener Zeit bestand noch der biblische Glaube, dass die unterschiedlichen Arten von Lebewesen von Gott geschaffen wurden. 1859 widersprach Darwin mit seiner berühmten „Entwicklungstheorie über die Entstehung der Arten" diesem alttestamentarischen

> Grundsatz und wurde von der Kirche zum gefährlichsten Mann Englands verteufelt. Darwin erklärte in seiner Theorie, dass die Vermehrungsfähigkeit der Lebewesen praktisch unbegrenzt ist, der Nahrungsmittelproduktion dagegen natürliche Grenzen gesetzt sind. Infolge dessen gibt es mehr Lebewesen als überleben können und ein großer Teil wird also im Kampf ums Dasein untergehen. Daraus folgte das berühmte darwinistische Gesetz, dass *die* Lebewesen langfristig überleben, die sich im Kampf ums Dasein am besten durchgesetzt haben, oder – und das wird bei der Wiedergabe seiner Theorie häufig unterschlagen – die sich den (Umwelt-) Bedingungen am besten angepasst haben. Anhand der verschiedenen Finkenarten konnte er nämlich nachweisen, dass diejenigen überlebten, die sich am besten auf die unterschiedlichen Lebensbedingungen auf den Inseln angepasst hatten. Seiner Theorie nach war das Vorherrschen der unterschiedlichsten natürlichen Lebensbedingungen auf der Erde der Grund dafür, dass sich im Laufe der Evolution eine so differenzierte Artenvielfalt herausgebildet hatte.
>
> Der Neo-Darwinismus hat seine Theorie noch dahingehend komplettiert, dass Veränderungen bei der Zell-Teilung des Erbmaterials (Mutationen) die Veränderungen der Arten hervorrufen. Lebewesen entwickeln sich in minimalen Ausprägungen stetig weiter und passen sich auf diese Weise den veränderten Lebensbedingungen kontinuierlich an.

Der Wandel bzw. die Veränderung gehört somit zum natürlichen Lauf der Zeit, auch für Unternehmen und ihr Leistungsangebot. Würden wir uns im Produkt- und Serviceprogramm nicht verändern, würden wir nach den Darwinschen Gesetzen irgendwann aussterben, oder wie formulierte es unser ehemaliger Bundespräsident *Gustav Heinemann* in einer Ansprache: „Leben ist Veränderung, und wer sich nicht verändert, wird auch das verlieren, was er bewahren wollte" (Zitate.de 2019).

Es geht dabei auch nicht primär um Größe und Wachstum (sonst würde es die Dinosaurier noch geben), sondern um die Anpassungsfähigkeit an veränderte Rahmenbedingungen. Der Service unterliegt einem starken Wandel durch die Digitalisierung. Unser Tätigkeitsfeld verändert sich, und der Service wird noch zielgerichteter auf die Kundenbedarfe ausgelotet. Wir dürfen daher nicht teilnahmslos zuschauen, wie sich der Markt um uns herum entwickelt, sondern müssen den Wandel auch für uns persönlich als Chance auffassen.

> Engagieren Sie sich, seien Sie vor allem offen für technologische Innovationen und beschäftigen Sie sich aktiv mit neuen Geschäftsfeldern. Binden Sie die neuen digitalen Instrumente sukzessive in Ihren Serviceprozess mit ein und nutzen Sie die Digitalisierung, um die Beziehung zu Ihren Kunden zu intensivieren!

Denn ein (Service-)Händler darf nicht drei Jahre später merken, dass sich der Markt verändert hat, sondern er muss zwei Jahre vorher die Weichen stellen. Oder in Anlehnung an den Aphoristiker *Michael Richter*: „Wer sich verändert, bleibt (überlebt), was bleibt, ist die Veränderung!" (Vgl. Richter 1993)

Wenn wir weiterhin erfolgreich sein wollen, brauchen wir neben Fleiß nämlich vor allem Mut. Denn Veränderungen geschehen nicht von alleine. Stets sind Aktivitäten und Entscheidungen damit verbunden, die wir gegen Zweifel und Widerstände durchsetzen müssen.

> **Ins kalte Wasser springen**
>
> Haben Sie schon einmal von den Adeliepinguinen in der Antarktis gehört? Das sind die Langschwanzpinguine, die mit ihren großen weißen Bäuchen und dem schwarzen Deckgefieder wie „wandelnde Fräcke auf zwei Beinen" aussehen. Man sieht sie häufig in großen Gruppen am Ufer nach Nahrung suchen. Ihre Lieblingsspeise ist Krill. Doch in den eiskalten Gewässern lauern Gefahren. Eine davon ist der Seeleopard, der Pinguine gerne als Vorspeise vertilgt. Was tun die Pinguine also, um an ihre Leckerbissen zu kommen? Sie stehen am Wasserrand und warten, bis einer von ihnen den Mut hat und hineinspringt (oder „geschubst" wird). In diesem Augenblick recken sich alle mit ihren kurzen Hälsen über das Wasser und sind gespannt, ob der mutige Pionier dies überlebt hat. Falls ja, springen alle hinterher. Kommt er um, wenden sie sich ab (Sharot 2019, S. 214–215).

Machen wir groß gewachsenen Zweibeiner nicht häufig das Gleiche? Wie häufig warten wir erst einmal ab, ob ein (risikobereiter) Artgenosse springt und auch sicher landet, bevor wir selber tätig werden. Sicherlich eine weise Überlebensstrategie. Im Vergleich zur Natur oder unseren Vorfahren im Mittelalter werden wir heutzutage jedoch durch eine Vielfalt an Versicherungen abgefedert. Wir bleiben also am Leben, wenn wir springen. Haben Sie daher den Mut, neue Wege einzuschlagen, auch wenn Sie dafür eventuell „ins kalte Wasser springen" müssen. Allemal besser, als geschubst zu werden. Nehmen Sie die Herausforderung an!

Literatur

Darwin C (2018) Der Ursprung der Arten durch natürliche Selektion oder Die Erhaltung begünstigter Rassen im Existenzkampf. Klett-Cotta, Stuttgart
Richter M (1993) Wortbruch. Aphorismen. Verbum, Berlin
Sharot T (2019) Die Meinung der anderen. Wie sie unser Denken und Handeln bestimmt – und wie wir sie beeinflussen. Pantheon, München
Zitate.de (2019) Heinemann, Gustav. https://www.zitate.de/autor/Heinemann%2C+Gustav. Zugegriffen am 16.04.2019

47
Prozesse verändern: Den Gordischen Knoten zerschlagen

So manche (schlechten) Angewohnheiten lassen sich nicht mit herkömmlichen Methoden lösen. Das kennt jeder von uns. Da hilft dann auch kein Gutzureden mehr, wenn sich die Dinge erst so kompliziert verstrickt haben. Häufig ist es das Beste, „die alten Zöpfe" einfach abzuschneiden.

> **Der Gordische Knoten**
>
> Der Sage nach prophezeite ein Orakel, dass derjenige die Herrschaft über Asien erringen würde, der die kunstvoll verknoteten Seile am Streitwagen des Königs *Gordius* lösen könnte, der fest an einer Säule im Tempel der Akropolis eingeschlossen war. Viele kluge Männer versuchten sich an dieser Aufgabe, aber keinem gelang es.
>
> Im Frühjahr 333 v. Chr. hörte *Alexander der Große*, bis dahin König von Makedonien, auf seinem Zug nach Persien von diesem mystischen Knoten. Als er die komplizierten Verstrickungen des Knotens sah, soll er kurzerhand den Knoten einfach mit seinem Schwert durchgeschlagen und damit den gewaltigen Siegeszug durch Asien eingeläutet haben. Die Legende ist daher bis heute im geschichtlichen Gedächtnis haften geblieben.

Im Laufe der Firmengeschichte stellen sich viele Prozesse und Gewohnheiten ein, die einem das Leben unnötig schwer machen. Meistens weiß man gar nicht mehr so genau, wie sie im Einzelnen zustande kamen. Im Service kann so etwas sehr hinderlich sein, insbesondere wenn der Kunde die Bürokratie leidig zu spüren bekommt. Denn im Zeitalter der Digitalisierung hat der Kunde kein Verständnis mehr dafür, wenn die Daten aufwändig (manuell) und nicht selten wiederholt (redundant) erfasst werden müssen oder er in einer Schlange warten muss, obwohl der ganze Erfassungsprozess digital hätte vorbereitet werden können. Das ist dann falsch verstandener (persönlicher) Service, wenn dafür die Kunden auf ihre Leistung warten müssen, wozu sie im Zeitalter des Internets mit abnehmender Tendenz bereit sind. „Das habe ich Ihrem Kollegen am Telefon doch schon gesagt!", äußerst der Kunde genervt, wenn er sein Anliegen oder die Daten nochmals vor Ort wiederholen muss.

Der Service-Verkauf befindet sich gerade im Wandel, und wir erleben nicht zuletzt durch die Digitalisierung der Serviceprozesse eine Veränderung in der Kundenbeziehung. Vieles wird durch die Erhöhung von Transparenz und Vermeidung von Redundanz im Serviceablauf für alle Beteiligten einfacher. Der Anspruch des Kunden, einen „perfekten Service" geboten zu bekommen, nimmt bei dieser Entwicklung immer weiter zu. So hat der Kunde beispielsweise für hausgemachte Ineffizienzen, schlechtes Auftrags- oder Kapazitätsmanagement oder Nachlässigkeit bei der Auftragsbearbeitung kaum mehr Verständnis. Das Internet präsentiert ihm die totale Verfügbarkeit an Alternativen. Jeder von uns kennt das aus seinen persönlichen Erfahrungen nur zu gut.

Im Zuge der digitalen Transformation wird sich also noch so manch althergebrachter Prozess verändern. Mithilfe der sogenannten „Künstlichen Intelligenz" werden die neuen Systeme den Bedarf der Kunden sogar irgendwann vorausberechnen können. Bereits jetzt können Routineprozesse effizient von „Chatbots" (Conversational Interfaces) übernommen werden. Zur Abwicklung von Standardprozessen sind sprachgesteuerte Systeme im Service überhaupt nicht kundenunfreundlich bzw. als zu unpersönlich zu verwerfen, sondern erleichtern dem Kunden die Erledigung seines Anliegens, ohne sich irgendwo „anstellen" zu müssen. Man denke an die Vereinbarung

47 Prozesse verändern: Den Gordischen Knoten zerschlagen

von Serviceterminen oder die Buchung von Sitzplätzen bei Veranstaltungen, ebenso die Beantwortung wiederkehrender (standardisierter) Anfragen, sogenannte *FAQs* (Frequently Asked Questions).

Es gibt auch Services, auf die der Kunde am liebsten verzichten würde. Zum Beispiel wollen die Kunden eigentlich gar keinen Service für ihr Auto. Gäbe es „wartungsfreie" Autos ohne Service zu kaufen, würde er diese bevorzugen. Die Car-Sharing-Anbieter haben diese Erkenntnis in ihr Geschäftsmodell aufgenommen. Um Tanken, Waschen, Reparieren, Versichern usw. braucht sich der Kunde nicht zu kümmern. Er nutzt lediglich das Fahrzeug und zahlt dafür einen bestimmten Preis.

> Beginnen Sie schon jetzt damit, sich auf das neue Zeitalter auszurichten. Haben Sie den Mut, den „Gordischen Knoten" zu zerschlagen, bevor der Wettbewerb es tut, und innovativ in die neuen Systeme zu investieren.

Abgesehen davon, dass der Service für den Kunden in Zukunft immer angenehmer wird, stehen mit der Digitalisierung ganz neue Möglichkeiten für weitere „Feldzüge" bevor.

48

Künstliche Intelligenz: Digitalisierung verlangt Individualität

In der digitalen Welt ist alles sichtbar. Die digitale Transformation führt zu einer totalen Transparenz und Überall-Erhältlichkeit von Informationen und Preisen. In der Kfz-Servicebranche wird das durch die zukünftige Vernetzung der Kraftfahrzeuge besonders deutlich:

> **Chatbots**
>
> „*Alexa*, bitte suche mir die Werkstatt mit dem günstigsten Reifenwechsel-Angebot und buche mir einen Termin, sobald die Wettervorhersage Schneefall ankündigt!" So oder so ähnlich organisieren zukünftig die digitalen Bots unsere Frisör-, Restaurant-, Reise- und Werkstatttermine. Durch die verpflichtende e-Call-Funktion in den neuen Kraftfahrzeugen ab den Baureihen 2018 wäre das Auto sogar in der Lage, von selbst Kontakt mit der Werkstatt aufzunehmen, wenn die Sensoren einen Verschleiß erkennen. Auf dem Display erscheint dann beispielsweise: „Die Starterbatterie verfügt nur noch über zwanzig Prozent ihrer Kapazität. Folgende Kfz-Werkstätten befinden sich im Umkreis von fünf Kilometern. Soll ich verfügbare Kapazitäten und Preise abfragen?"

Der Wettbewerb in Servicebetrieben nimmt bereits jetzt über transparente Kundenbewertungen im Internet zu – allerdings (und zum Glück) auch die Servicequalität.

Service-Exzellenz im digitalen Zeitalter bedeutet im Wesentlichen, die Bedürfnisse des Kunden durch sein bisheriges Verhalten vorauszuberechnen (zu antizipieren). Je mehr Daten wir von unserem Kunden haben, desto besser können wir sein Kauf- und Wartungsverhalten vorhersehen. Um beim Beispiel des Kfz-Service zu bleiben: Anhand der Kilometerfahrleistung des Fahrzeughalters, seiner bisherigen Einkäufe, der typischen „Krankheiten" seines Fahrzeugtyps usw. lassen sich Reparaturanlässe durch Computer vorausberechnen. Im Umkehrschluss erwartet der „digitale Kunde" auf seinen Bedarf hin konzipierte Angebote, und er wird wenig Verständnis dafür haben, wenn wir ihm (allgemeine) Werbung oder Mailings zukommen lassen, die mit seinem Fahrzeug oder Fahrverhalten nichts zu tun haben. „Sie haben doch meine Daten! Warum senden Sie mir ein Reifeneinlagerungsangebot, wenn ich doch Allwetterreifen fahre?"

Momentan befinden wir uns bei der Entwicklung der digitalen Sprachassistenten noch im „Babystadium". Verglichen mit einem Restaurantbesuch wird uns gerade erst der „Gruß aus der Küche" serviert. Der nächste große Technologiesprung steht uns mit der Erweiterung der Bandbreite im 5G-Netz jedoch unmittelbar bevor. Dann werden neben Sprach- und Textmitteilungen auch problemlos beliebig Bild- und Videosequenzen übertragen werden können. Die digitale Vernetzung der Bevölkerung schreitet zudem immer weiter voran, sodass wir schon bald von einer Vollversorgung in den meisten Ländern der Erde ausgehen können und jeder Einwohner über einen Zugang zu internetbasierten Systemen verfügt. „Chatbots" werden mit zunehmender Leistungsfähigkeit der „Künstlichen Intelligenz" immer „menschlicher", sodass sie sich zu Beginn einer Konversation (Chat) kurz vorstellen müssen, damit wir wissen, dass wir es mit einer Maschine zu tun haben. Neben der Schnelligkeit und Bequemlichkeit kommt somit durch die technische Unterstützung bei der Kundenansprache sogar eine gewisse persönliche Komponente hinzu, die wir als komfortabel und angenehm empfinden, und an die wir uns schnell gewöhnen werden. Sprachassistenten entscheiden in der Folge zunehmend darüber, welches Produkt

48 Künstliche Intelligenz: Digitalisierung verlangt Individualität

bzw. welche Dienstleistung wir bei welchem Anbieter in Anspruch nehmen sollen. Wie in den letzten Kapiteln ausgeführt, ist es daher auch und vor allem als Serviceanbieter wichtig, in die neuen digitalen Systeme zu investieren, um in den Selektionsprozess der Sprachassistenten zu gelangen. Ab dann zählt das spezielle Leistungsportfolio, welches digital abgebildet werden muss. Denn digital verwöhnte Kunden erwarten individualisierte Angebote – ebenso in der Ansprache, im Beschwerdemanagement, in Newslettern u. a. m. Sie lassen sich nicht standardisieren, und das bedeutet, dass vor allem der Service individuell sein muss. Darin besteht unsere große Chance als Service-Dienstleister. Ware ist austauschbar, Menschen dagegen nicht. Insbesondere im digitalen Zeitalter können wir durch exzellenten Service aus der Masse der Anbieter hervorleuchten und uns positiv vom Wettbewerb abgrenzen.

> Personalisieren Sie also Ihren Service. Hören Sie auf, Kunden in Cluster zu stecken. Setzen Sie auf Individualität. Der Servicekunde der Zukunft möchte nicht verallgemeinert werden.

Wie oft habe ich bei Filialbesuchen zu hören bekommen, dass die Wolfsburger, Berliner, Koblenzer, Magdeburger … Kunden ganz anders sind. Stimmt, weil nämlich *jeder* Kunde anders ist und einen individuellen Service beansprucht. Die Digitalisierung wird den Service also nicht obsolet machen, sondern ganz im Gegenteil dabei helfen, dass wir den Kunden aus der Anonymität herausholen und unsere Angebote an Ware und Dienstleistung auf ihn persönlich abstimmen. Im Rahmen der „Künstlichen Intelligenz" helfen Computer und Maschinen insofern dabei, den Service eher noch menschlicher zu machen. In dieser Hinsicht ist Service-Exzellenz also die beste Digitalisierungsstrategie.

49

Bewertungen: Der Spotlight-Effekt

Die Transparenz bzw. Offenlegung von Unternehmensinformationen hat mittlerweile unterschiedliche Ausprägungen angenommen und stellt vielerorts ein mächtiges Instrument zur Verhaltensbeeinflussung von Menschen dar. Nicht zuletzt durch die digitale Transformation von Inhalten auf elektronische Medien ist es immer wichtiger geworden zu wissen, was andere über uns denken. Kaufentscheidungen hängen maßgeblich von diesen Bewertungen ab. Diese Entwicklung müssen wir ernst nehmen und auch akzeptieren, dass dies der Preis für das Mitspielen im Orchester der großen weiten Welt ist.

> **Hygienekontrolle**
>
> Hungrige Touristen in Los Angeles halten in einem Stadtviertel Ausschau nach einem Restaurant und entdecken sogleich drei Lokale, die sie zuvor noch nie gesehen haben bzw. die keiner bekannten Kette angehören. An der Tür des einen hängt gut sichtbar ein weißes Schild mit einem großen C darauf. Auf den zweiten Blick liest man in kleineren schwarzen Buchstaben über dem C, worum es sich handelt: „Note der Hygienekontrolle". Das nächste Restaurant ganz in der Nähe hat den Buchstaben B an der Tür, und das dritte Restaurant ein Stück weiter hat ein A.

> Nehmen wir einmal an, den hungrigen Besuchern ist es im Prinzip egal, ob sie chinesisch, italienisch oder mexikanisch essen, und die Preise seien in allen drei Restaurants ungefähr gleich. In welches werden sie dann wohl gehen …? (Vgl. Bohnet und Schäfer 2017, S. 291).

Die Macht der Transparenz beeinflusst maßgeblich unsere Entscheidung. Die Hygienebewertung hat seit der Einführung durch das Gesundheitsamt in Los Angeles eine dermaßen hohe Bedeutung erlangt, dass sie für die Auswahl der Restaurants – insbesondere von Touristen-Führern – mittlerweile wichtiger geworden ist, als die eigentliche Qualität der Speisen. Man nennt dies den *Spotlight-Effekt* (Bohnet und Schäfer 2017, S. 292). Je eindeutiger und besser eine Information für den Kunden erkennbar ist, desto wahrscheinlicher wird sie von ihm zur Kenntnis genommen und sein Verhalten beeinflussen.

Unser informationsüberlastetes Gehirn bedankt sich wieder einmal für die Hilfe bei der Entscheidungsfindung und Arbeitserleichterung. Eigentlich müsste es sich die Mühe machen und prüfen, wie die Note im Detail zustande gekommen ist, welche Kriterien mit welchem Faktor in die Gesamtnote der Bewertung einbezogen wurden, und ob diese für uns persönlich überhaupt relevant sind.

Den Spotlight-Effekt kennen wir auch von anderen Klassifizierungen. Wie bei sonstigen Produkt- und Handelsmark(ierung)en auch, werden sämtliche Leistungen in einem Label zusammengefasst. Egal, ob Energieverbrauchsklasse, Holz-, Fisch-, Bio- oder Umweltlabel, sie alle haben einen verhaltenswirksamen Einfluss auf uns. Verbraucher schenken den Bewertungen anderer Käufer hohe Aufmerksamkeit. Nicht selten ersetzen sie sogar das persönliche Beratungsgespräch. Insbesondere für jüngere Konsumenten sind Bewertungen auf einschlägigen Plattformen zur wichtigsten Informations- und Entscheidungshilfe geworden. Die Anzahl der Sterne bei der Bewertung im Internet sind mittlerweile genauso wichtig wie an der Eingangspforte eines Hotels oder sonstiger Dienstleistungsbetriebe. Insofern sind zukünftig alle Servicebetriebe gehalten, über authentische Bewertungen ihre Betriebe auf ein Fünf-Sterne-Niveau zu heben.

> Bitten Sie den Kunden daher um eine entsprechende Bewertung, insbesondere wenn er sichtlich zufrieden mit Ihrer Leistung war. Binden Sie die (positive) Kundenbewertung als festen Bestandteil in Ihren Serviceablauf mit ein und überlassen Sie es nicht dem Zufall, welches Feedback Sie erhalten!

Dies kann elegant elektronisch geschehen, wenn Sie vorab die E-Mail-Adresse des Kunden (inkl. Datenschutzerklärung!) erfasst haben. Aus den gleichen Gründen müssen wir bei negativen Bewertungen gegensteuern. „Friends & Family" können dabei manchmal behilflich sein. Gegebenenfalls müssen Sie gegensteuern und den Kunden fragen: „Was können wir tun, um Sie einhundertprozentig zufrieden zu stellen?"

Von einem exzellenten Servicebetrieb erwartet man nun einmal eine exzellente Bewertung. Oder welches Restaurant hätten Sie ansonsten in der Stadt der „Stars und Sternchen" aufgesucht?

Literatur

Bohnet I, Schäfer U (2017) What works: Wie Verhaltensdesign die Gleichstellung revolutionieren kann. C.H. Beck, München

50

Nachhaltigkeit: Appell an das ökosoziale Gewissen

Es vergeht kein Tag, an dem nicht über den Klimawandel bzw. die damit verbundenen Konsequenzen der Erderwärmung berichtet wird. Der naturwissenschaftliche Hintergrund ist den meisten bekannt: Seit der industriellen Revolution haben wir Jahr für Jahr mehr Treibhausgase ausgestoßen, als unser Planet absorbieren kann. Der damit einhergehende Klimawandel würde nach den wissenschaftlichen Prognosen enorme Auswirkungen auf unsere Lebensweise haben. Große Gebiete der Erde würden infolge von Dürren, Hurrikanen, Überflutungen, Tsunamis sowie dem Anstieg der Meeresspiegel unbewohnbar werden. Massive Migrationsströme aus diesen Gebieten sind zu erwarten, die das derzeitige Niveau bei weitem übersteigen. Wenn diese Entwicklung nicht gestoppt wird, wird man sich später folgenden Witz wohl häufiger erzählen:

> **Planeten im Weltall**
>
> Treffen sich zwei Planeten im Weltall. Sagt der eine zum anderen: „Du siehst aber schlecht aus!"
> Der andere: „Ja, mir geht es auch nicht so gut. Ich habe *homo sapiens*." Sagt der erste: „Mach dir nichts draus, das hatte ich auch mal. Das geht vorbei …!"

Darüber hinaus wird die Bevölkerung auf der Erde selbst bei abschwächendem Geburtenwachstum auf etwa zehn Milliarden Menschen noch zunehmen. Alle wollen satt werden, gut leben und mobil sein, was wiederum Ressourcen beansprucht, die zum größten Teil endlich sind. In 2018 ist der *Globale Erdüberlastungstag* (*Earth-Overshoot-Day*) auf den 2. August vorgerückt. An diesem Tag sind die gesamten nachhaltig nutzbaren Ressourcen der Erde eines Jahres verbraucht, die der Weltbevölkerung rechnerisch zur Verfügung stünden, wenn sie nur so viel nutzen würde, wie sich im selben Zeitraum regeneriert. Zur Rettung und Lösung der Situation ist eine Energie-, Ernährungs- und Mobilitätswende geradezu alternativlos.

Mit dem Wandel zur Elektromobilität und der Diskussion um den Diesel erleben wir derzeit schon die ersten Konsequenzen für die Kfz-Servicebranche. Auf der einen Seite entsteht durch die Elektrifizierung ein neuer Geschäftszweig, auf der anderen Seite droht etabliertes Geschäft zu verschwinden. Diese Transformation werden wir zukünftig auch in anderen Branchen antreffen. Sie werden die Effekte sicherlich auch in Ihrem Geschäftsfeld schon mehr oder weniger zu spüren bekommen.

„Nachhaltigkeit" ist insofern kein Schlagwort, das für einige Monate von den Medien auf die Agenda gesetzt wird, wie es sonst bei politischen Ereignissen der Fall ist. Der Aspekt der Nachhaltigkeit wird uns in zunehmendem Maße in den kommenden Jahren beschäftigen. Alle Produkte verschlingen sowohl in ihrer Produktion als auch im Aftersales-Service mehr oder weniger Energie und sonstige Ressourcen. Die Sensibilität und Aufgeklärtheit der Verbraucher wird für dieses Thema gleichermaßen zunehmen. Die Entwicklung ist unaufhaltbar.

> Verinnerlichen Sie das Thema Nachhaltigkeit daher bereits jetzt in Ihrem Denken und Handeln. Je früher wir damit beginnen, unsere Unternehmenspolitik nachhaltig zu gestalten, desto mehr Akzeptanz und Glaubwürdigkeit wird uns dafür in Zukunft entgegengebracht werden. Eine bessere Positionierung können Sie im Hinblick auf Service-Exzellenz kaum erreichen.

Mein Lieblingssatz aus einem sehr lesenswerten Buch von *Ralf Utermöhlen* über „Nachhaltigkeitsmanagement in der Praxis – Was jede Führungskraft über Green Economy und nachhaltige Entwicklung wissen sollte" lautet:

„Das Idealprodukt einer nachhaltigen Gesellschaft besteht aus nur so viel Material wie erforderlich, enthält weder biodiversitätskritische Rohstoffe noch Konfliktmaterialien oder andere Komponenten fragwürdiger Herkunft, wird mit einem Minimalaufwand an Energie aus erneuerbaren Energiequellen sowie einem Minimalbedarf an Wasser aus wasserkritischen Gebieten hergestellt, mit einem minimalen Transportaufwand in der Lieferkette zum Konsumenten gebracht, trägt alle erforderlichen Label und schnell erfassbare Kundeninformationen zur Nachhaltigkeit, wurde auf alle möglichen Auswirkungen auf Gesundheit und Sicherheit geprüft, hat einen im Vergleich zu Alternativprodukten deutlich kleineren Carbon-Footprint, ist langlebig, kann repariert werden und ist zu 100 % recyclingfähig (bzw. vollständig aus nachwachsenden Rohstoffen) ... und ist vollumfänglich wettbewerbsfähig." (Utermöhlen 2015, S. 233)

Jeder Servicebetrieb kann sich bei seinem täglichen Handeln bereits jetzt nachhaltig verhalten und dies gegenüber Kunden auch aktiv kommunizieren. Bieten Sie Ihren Kunden beispielsweise Produkte an, die langlebig sind und nicht so schnell verschleißen oder weggeworfen werden müssen. Nutzen Sie in Ihrer Argumentation gegenüber Kunden neben Qualitätsaspekten also bewusst auch Nachhaltigkeitsaspekte.

Auch wenn sich durch Ihr singuläres Handeln der Erdüberlastungstag nicht auf den 31.12. nach hinten verschieben wird, so beginnt doch auch in diesem Fall der längste Weg mit dem ersten Schritt. Gehen Sie ihn, Sie werden es sicher nicht bereuen!

Literatur

Utermöhlen R (2015) Was jede Führungskraft über Green Economy und nachhaltige Entwicklung wissen sollte: Nachhaltigkeitsmanagement in der Praxis. WelfenAkademie, Braunschweig

Nachwort

Es ist noch gar nicht so lange her, da sprachen wir von der „Servicewüste Deutschland". In den letzten Jahren hat sich jedoch eine Menge im Hinblick auf das Servicebewusstsein in den Unternehmen getan, und erfreulicherweise ist auch die Zahlungsbereitschaft für guten Service bei den Konsumenten gestiegen.

Bereits heute gibt es in vielen Branchen und Betrieben exzellente Servicekräfte, von denen wir mit Stolz auch in den Kfz-Servicebetrieben bei der AUTOPLUS AG zahlreiche positive Beispiele benennen können. Mehr als 50 Wochen haben alle Servicemitarbeiter von AUTOPLUS jeden Freitag quasi ein Kapitel vorab als Kolumne bzw. Wochenendlektüre erhalten und im Anschluss wertvolle Hinweise und Feedback gegeben, wodurch dieses Buchprojekt entstanden ist und bereichert wurde. Beim gesamten Team von AUTOPLUS möchte ich mich daher aufrichtig bedanken und den Mitarbeitern und Führungskräften für ihr zukünftiges Agieren allen denkbaren Erfolg wünschen.

Wie wir gesehen haben, ist „Service-Exzellenz" zu einem Großteil mit der inneren Einstellung verbunden, dem Kunden einen herausragenden Service bieten zu *wollen*. Aus diesem Grund zolle ich allen Mitarbeitern und Beschäftigten, die täglich ihren Dienst antreten, um anderen Menschen einen guten Service zu erweisen, großen Respekt und aufrichtige Anerkennung.

Allen Beteiligten, die an der Erstellung des Buches mitgewirkt haben, danke ich herzlich für die geleistete Unterstützung und engagierte Mitarbeit. Sie haben wesentlich zum Gelingen beigetragen. Allen Lesern wünsche ich darüber hinaus, dass sie viele anregende Momente und Freude beim Studium der Lektüre hatten. Möge jeder von ihnen seinen persönlichen Nutzen daraus ziehen und in beruflicher wie privater Hinsicht nachhaltig davon profitieren. Dann war es auch für mich „Service-Exzellenz"!

Wolfsburg, im Juli 2019
Falk Hecker

PS: Sollten Sie ein Feedback platzieren wollen, worüber ich mich sehr freuen würde oder Interesse an Praxisseminaren haben, senden Sie Ihre Nachricht bitte an service-exzellenz@autoplus.de

The manufacturer's authorised representative in the EU is Springer Nature Customer Service Centre GmbH, Europaplatz 3, 69115 Heidelberg, Germany. If you have any concerns regarding our products, please contact ProductSafety@springernature.com

Printed and bound by CPI Group (UK) Ltd, Croydon, CR0 4YY
25/03/2026
02078218-0004